## Sobre el autor

### Anddy Parque (Young Su, Park)

Anddy es el director financiero de Yuil technolgy investment, una empresa surcoreana de capital riesgo, y es uno de los principales gestores de su fondo de capital riesgo.

Ha trabajado como inversor de capital riesgo en KDB Capital y como auditor en Jo Eun Savings Bank. También ha sido Consejero Delegado de Yuil Capital Partners y Careernet, y tiene conocimientos y experiencia en diversos campos, desde la consultoría empresarial al capital riesgo y la financiación al consumo.

Durante sus 10 años como ejecutivo de instituciones financieras, ha experimentado varios casos en los que los cambios en el entorno macroeconómico han determinado el destino de las instituciones financieras.

Ha reflexionado mucho sobre cómo sobrevivir a las crisis económicas, y empezó a interesarse por casos sobre las causas y consecuencias de las crisis económicas mientras observaba la reestructuración de instituciones financieras y empresas en 1997 y 1998, cuando Corea solicitó el rescate del FMI. Este libro es fruto de su interés.

Licenciado por el Departamento de Economía de la Universidad de Corea, ha trabajado durante más de 30 años en instituciones financieras y en el sector manufacturero, y es autor de The ABCs of Finance for Dummies.

# Contents

## Prólogo

Se dice que la historia es un espejo del futuro. Esto se debe a que podemos encontrar casos similares en el pasado, analizarlos y obtener pistas sobre cómo resolver problemas o encontrar soluciones a problemas que están sucediendo ahora o que se espera que sucedan en el futuro.

La historia está llena de historias sobre las propiedades intrínsecas del dinero, los deseos de quienes lo manejan y la psicología de la codicia.

Estos acontecimientos y las historias de especuladores, inversores y defraudadores proporcionan una gran riqueza de inspiración que puede aplicarse a los fenómenos actuales relacionados con diversas formas de finanzas e inversión.

Desde la manía holandesa de los tulipanes del siglo XVII hasta los esquemas Ponzi y otras formas de fraude en la inversión, la especulación y el fraude financiero que capitalizan la codicia humana han amenazado constantemente a todos los agentes económicos.

Especialmente en el siglo XVIII, cuando Francia y Gran Bretaña sufrían graves crisis financieras debido a las tensiones financieras de la guerra, las diversas propuestas que consideraron para resolver sus crisis de deuda han proporcionado muchas ideas para la actualidad.

El estallido de las burbujas de Mississippi Company y South Sea Company, en las que el Estado canjeó deuda pública por capital privado, fue esencialmente similar a las compras apalancadas que son comunes en las reestructuraciones de empresas en dificultades hoy en día.

La idea de resolver el problema de la deuda pública mediante el intercambio de bonos del Estado en manos privadas por acciones de empresas estatales, lo que impulsó el precio de las acciones de las empresas estatales, y en el proceso resolvió el problema de la circulación de dinero emitido por el gobierno, que no era confiable como dinero, ha tenido un profundo impacto en la historia económica de la humanidad.

La idea de resolver el problema de la deuda pública y la circulación del dinero aprovechando la especulación de los inversores en una época en la que el capitalismo no estaba plenamente establecido es notable. Sin embargo, es un desafortunado efecto secundario que los métodos que utilizaron para apuntalar los precios de las acciones hayan sido heredados por esquemas similares de manipulación bursátil en la actualidad, que están creando más víctimas.

A lo largo de la historia, ha habido muchos ejemplos de países que han acumulado enormes deudas fiscales debido a diversos factores de gasto, y a muchas personas se les han ocurrido ideas creativas para resolver estas crisis fiscales.

Digamos que el gobierno de Estados Unidos, que se enfrenta a una enorme deuda nacional debido a su emisión masiva de bonos del Estado, ofrece canjear bonos del Tesoro por acciones de una empresa estatal para aliviar la carga de su deuda.

¿Y si esa empresa estatal es una compañía que tiene la próxima gran novedad en coches autoconducidos, y el precio de sus acciones se dispara como lo hizo Tesla?

Las acciones pasan de 10 a 100 dólares, y la gente, las instituciones y los países que tienen bonos del Tesoro de EE.UU. acuden en masa a canjearlos por acciones de una empresa estatal que, como tú, es más rentable que los bonos del Tesoro de EE.UU., ¿verdad?

¿Qué pasa si el precio de las acciones de 100 dólares sigue subiendo hasta los 1.000 dólares, pero luego la tecnología de la empresa estatal resulta ser inferior a la de competidores como Tesla, y la empresa resulta no tener visión de futuro, y el precio de las acciones vuelve a caer a 100 dólares, y luego a 10 dólares?

Incluso ahora, como parte de la reestructuración de una empresa, a veces se concede la opción de canjear bonos por acciones, pero ¿no es asombroso que ya hubiera gente a la que se le ocurriera hacer esto a nivel nacional, y la historia nos muestra los resultados y las ramificaciones?

Sin embargo, la realidad es que con una deuda nacional de más de 31 billones de dólares y un saldo de bonos del Tesoro de 25 billones de dólares, el tamaño del saldo del Tesoro de EE.UU. se ha vuelto demasiado grande para que EE.UU. pueda canjear todos sus 25 billones de dólares en bonos del Tesoro por acciones.

Como podemos ver por el hecho de que Apple, actualmente el número uno en capitalización bursátil en EE.UU., tiene una capitalización bursátil de sólo 2,6 billones de dólares, y LG Energy Solutions, el número dos en capitalización bursátil en Corea del Sur, cuando salió a bolsa arrasó con la liquidez en el mercado de valores, reduciendo la demanda de otras acciones y retrasando la subida del índice bursátil, parece imposible aplicar un método de conversión de capital de este tipo en la era moderna con importantes efectos secundarios y ramificaciones.

Sin embargo, el uso que hizo John Law de la especulación bursátil para resolver el problema de la deuda soberana en el siglo XVIII, cuando los mercados financieros estaban poco desarrollados, es controvertido, pero comparado con la incapacidad de España para resolver su excesivo problema de deuda soberana, que le llevó a una moratoria, a pesar de la afluencia masiva de oro y plata de sus colonias latinoamericanas, la idea de John Law parece ingeniosa.

Sin embargo, John Law no es inmune a las críticas como defraudador, porque su burbuja bursátil acabó en un crack, dejando muchas víctimas, y su historial como jugador es más sospechoso que su integridad como economista.

Uno se pregunta qué habría pasado si la Compañía del Mississippi hubiera sido capaz de capitalizar los derechos de desarrollo del Territorio de Luisiana, y hubiera sobrevivido como una empresa en crecimiento en lugar de una burbuja, proporcionando dividendos y ganancias de inversión a sus inversores.

Todavía se debate si John Law fue un economista y financiero que quiso enriquecer la vida económica del pueblo llano ampliando la oferta de dinero no convertible, o si fue un imitador y defraudador que, en lugar de crear oportunidades de ingresos estables para la aristocracia francesa y resolver el problema de la deuda del país con sus brillantes ideas, robó el dinero de innumerables inversores fracasados.

El estallido de las burbujas bursátiles es en realidad un acontecimiento financiero clásico con una larga historia, ya que se vienen produciendo desde la aparición de la sociedad anónima.

Cuando las Compañías Holandesas y Británicas de las Indias Orientales zarparon y trajeron especias y gemas de sus viajes por la India y el Sudeste Asiático, los precios de las acciones de estas empresas se dispararon.

Sin embargo, invertir en las acciones de estas compañías era una arriesgada propuesta de todo o nada, ya que a menudo se enfrentaban a desastres naturales como tifones y ciclones durante sus largos viajes, y a menudo no regresaban de una pieza de las batallas con las fuerzas islámicas y los pueblos indígenas de las zonas por las que viajaban.

Y las burbujas francesa y británica antes mencionadas capitalizaron vagas fantasías de colonización en las Américas.

En sus lanzamientos a personas que nunca habían estado en el Nuevo Mundo, afirmaban que éste estaba lleno de metales preciosos como el oro y la plata que no eran comunes en Europa, y que secuestrando nativos de África y vendiéndolos a América Latina harían una fortuna.

Sin embargo, este modelo de ingresos vago y no probado resultó ser poco rentable.

Después de que los países latinoamericanos obtuvieran su independencia en la década de 1820, recurrieron a Europa para financiar sus carencias. La fantasía de los países latinoamericanos hizo que sus bonos gubernamentales fueran populares en Europa.

Aunque la rentabilidad no estaba probada, los países eran ricos en minas de oro y otros recursos, por lo que parecía que pronto se harían ricos.

Sin embargo, había demasiados obstáculos que impedían que el vago modelo de ingresos se tradujera en rendimientos sólidos, como la inestabilidad política y la corrupción en los países latinoamericanos y demasiados intermediarios de por medio.

Desde principios hasta mediados del siglo XIX, la Revolución Industrial creó un auge de la ciencia y la tecnología en el Reino Unido. En Corea del Sur, la locura por el emprendimiento de principios de la década de 2000 provocó un auge de las inversiones en empresas que utilizaban las mismas tecnologías e ideas.

Entre ellas, los ferrocarriles lideraron el auge de la comercialización de la ciencia. Al igual que la burbuja de las puntocom de la década de 2000 en Estados Unidos, las compañías ferroviarias proliferaron, y sus acciones y bonos se vendieron como rosquillas.

Pero cuando el exceso de ferrocarriles resultó no ser rentable y la tecnología de las empresas resultó ser una quimera, la burbuja empezó a desinflarse.

Lo mismo ocurrió con el boom bursátil que precedió al gran crack de 1929.

Las ideas estaban por todas partes, y las tecnologías que parecían capaces de hacer una fortuna si se comercializaban atraían a los inversores. Pensando que la tecnología cambiaría el futuro, los inversores se subieron al carro, y las cicatrices de la burbuja tecnológica fueron devastadoras.

La historia de la exageración bursátil -que una tecnología es tan buena que garantizará enormes beneficios, o que una empresa va a hacer una fortuna desarrollando una mina de oro, de plata, un yacimiento petrolífero u otro recurso, o que una empresa ha encontrado un tesoro escondido y necesita inversores para financiarlo- viene sucediendo desde la aparición del mercado de valores, y siempre ha creado burbujas.

Y como una mentira, la burbuja siempre desaparece sin dejar rastro, dejando sólo a las víctimas que perdieron todo el dinero que tanto les costó ganar.

Las burbujas bursátiles tienen una larga historia. Si observamos de cerca la burbuja actual, veremos similitudes con burbujas pasadas. El presente es una repetición del pasado, y es probable que el futuro sea una repetición del presente y del pasado.

Este libro se centra en casos financieros en medio de varias crisis económicas.

En el proceso de redacción de la obra, el volumen fue creciendo y se completó inevitablemente en cuatro volúmenes. La Parte 1 comienza con un resumen general y la organización de los casos de crisis económica, centrándose en los antecedentes y conocimientos básicos para comprender estos casos.

La Parte 2 incluye casos relacionados con crisis económicas, desde la Tulip-manía en los Países Bajos hasta la burbuja especulativa de tierras en Florida antes de la

Gran Depresión de 1929, y añade casos representativos de fraude financiero centrados en los esquemas Ponzi.

La Parte 3 resume las crisis económicas empezando por la Gran Depresión de 1929, el estallido de la burbuja japonesa en 1990 y la crisis financiera asiática de 1997.

La Parte 4 abarca la solicitud de rescate de Corea del Sur al FMI en 1997, la crisis financiera mundial de 2007 y la quiebra de Akegos Capital en 2021, y añade una visión general de las teorías psicológicas de la especulación.

Creemos que las historias de las burbujas causadas por la codicia, y cómo superamos las numerosas crisis financieras y económicas que siguieron, proporcionarán a muchas personas sabiduría de supervivencia para el presente y conocimientos sobre cómo afrontar las crisis económicas en un futuro incierto.

# Capítulo 1

## Comprender el dinero y los comienzos de la especulación

# Reflexiones sobre la crisis económica

1. Visión general de la crisis económica

Una crisis económica es una situación en la que una economía experimenta una grave recesión o perturbación con consecuencias negativas para las personas, las empresas y los gobiernos, como altos niveles de desempleo, quiebras, inestabilidad de los mercados financieros, descenso del PIB, inflación o aumento de la deuda.

Son muchos los factores que pueden provocar una crisis económica, entre ellos los desequilibrios financieros, las políticas gubernamentales, la escasez de divisas, el estallido de burbujas, los cambios en los patrones del comercio mundial, la agitación política, las catástrofes naturales u otros acontecimientos inesperados.

La gravedad de una crisis económica puede variar de leve a grave, dependiendo de la profundidad y duración de la recesión.

Entonces, ¿pueden considerarse crisis económicas las recientes quiebras de las instituciones financieras estadounidenses Silicon Valley Bank, Signature Bank y Silvergate Bank, así como la fusión de UBS con Credit Suisse?

Como se mencionará más adelante en el análisis de las crisis económicas, hay muchos tipos de crisis económicas, como la quiebra de instituciones financieras directamente derivada del estallido de la burbuja inmobiliaria, las crisis fiscales causadas por una deuda nacional excesiva, las crisis cambiarias causadas por la escasez de divisas, las crisis económicas complejas causadas por la acumulación de desequilibrios comerciales o las crisis económicas generales causadas por la inestabilidad política.

Además, las crisis económicas modernas suelen estar causadas por una combinación de varias categorías, y sus remedios suelen requerir una combinación de recetas.

Sin embargo, si observamos las crisis económicas del pasado, podemos encontrar similitudes con la situación actual, y si observamos los resultados e impactos de las crisis pasadas, podemos hacer algunas predicciones sobre los resultados de las medidas actuales.

En el caso de la crisis financiera, siempre se ha citado la desregulación previa a la crisis como una de las causas.

Muchos argumentan que esta desregulación también contribuyó a las quiebras de los bancos de Silicon Valley y otros.

Apuntan a la desregulación de las Instituciones Financieras de Importancia Sistémica (SIFI, por sus siglas en inglés), tal y como se recoge en la Ley Dodd-Frank, la legislación estadounidense de regulación financiera más estricta promulgada tras la crisis financiera mundial de 2008.

Las SIFI son instituciones financieras de importancia sistémica. Las SIFI son instituciones financieras que suponen una amenaza para la estabilidad del sistema financiero en su conjunto si se declaran insolventes o sufren riesgo de liquidez.

Como tales, se consideran muy importantes para los mercados financieros y la economía en su conjunto, y están sujetas a una estricta regulación y supervisión.

Quienes sostienen que la desregulación ha contribuido a la crisis actual señalan que la ley designa como SIFI a las instituciones con 50.000 millones de dólares o más en activos, que la administración Trump elevó a más de 250.000 millones, dejando fuera a muchas instituciones de tamaño medio y grande.

Los expertos han argumentado que esta desregulación ha llevado a un deterioro de la liquidez y la posición de capital de los bancos pequeños y medianos, ya que muchos ya no están sujetos a estrictos requisitos de capital o a la supervisión de la Reserva Federal.

## 2. Un repaso a las anteriores crisis económicas del siglo XX

Si nos remontamos a la manía holandesa de los tulipanes que hizo estallar la primera burbuja, cuando el precio de un solo tulipán equivalía al de una casa entera, se produjo un exceso de tulipanes, ya que la gente que esperaba enriquecerse con ellos empezó a cultivarlos. Este exceso de oferta hizo bajar el precio de los tulipanes y los inversores perdieron mucho dinero.

Sin embargo, si profundizamos un poco más, la burbuja en el precio de los tulipanes indica que había mucho comercio y mucho dinero, oro y otros medios de comercio en circulación.

En términos modernos, podríamos decir que había un exceso de oferta de moneda. Esta burbuja no se habría producido si los holandeses no hubieran desarrollado el comercio y el intercambio debido a su creencia en la agricultura intensiva.

Cuando los Países Bajos se independizaron de España, muchos abogaron por el mercantilismo. Como consecuencia, floreció el comercio exterior y afluyeron capitales del extranjero.

Se crearon sociedades anónimas, se desarrollaron bancos privados, surgió la necesidad de un banco central y se empezó a reconocer la necesidad de una alternativa al oro.

Revisando la situación desde una perspectiva moderna, la sobreoferta de moneda llevó a la inflación, y mientras que hoy la gente invertiría en bienes raíces, acciones y monedas, en aquel entonces la gente invertía en tulipanes.

Si tuviéramos un sistema monetario gestionado por un banco central, como hoy, habríamos intentado frenar la inflación subiendo los tipos de interés y reduciendo la oferta monetaria para rescatar a la gente que sufría una inflación excesiva.

Sin embargo, el sistema financiero aún no estaba desarrollado, por lo que se habría dejado en manos de la función natural de ajuste de los precios.

Si pensamos en el principio de que el precio de un bien viene determinado por la oferta y la demanda, el precio de los tulipanes subirá cuando escaseen y sigan teniendo valor de escasez, y bajará naturalmente cuando suba el precio y la gente empiece a cultivarlos y haya exceso.

En una sociedad con un sistema financiero desarrollado, los bancos comerciales habrían prestado dinero a los compradores utilizando tulipanes como garantía, y los bancos de inversión habrían agrupado estos préstamos y los habrían titulizado para crear valores titulizados como los Tulip-Backed Security (TBS).

También habrían dividido los tulipanes en niveles 1, 2 y 3 en función del grado del tulipán, y habrían creado zanjas mezclando hipotecas sobre tulipanes de nivel 3, que fueron compradas por personas con menos dinero y menos solvencia, con hipotecas sobre tulipanes de nivel 1, que fueron compradas por personas con más dinero y más solvencia.

A continuación, crean derivados como las obligaciones de deuda garantizadas (CDO), que son valores respaldados por deuda que se dividen en tramos senior, middle y junior en función del orden de reembolso, obtienen una calificación y los venden a los inversores.

Las compañías de seguros habrían proporcionado garantías de pago, como las permutas de incumplimiento crediticio (CDS), ya cubrieran sólo a empresas (como las monolíneas) o a particulares (como las multilíneas), para ayudar a impulsar las calificaciones crediticias.

Entonces, cuando el precio de los tulipanes se desplomó debido a un exceso de oferta de tulipanes, los prestatarios con una calificación de 3 habrían incumplido o se habrían declarado en quiebra. Los TBS, CDO y otros derivados habrían caído en cascada, poniendo en peligro a los bancos comerciales y de inversión, y las compañías de seguros habrían sufrido las consecuencias de las reclamaciones de los CDS.

Sin embargo, en aquella época, el sistema financiero no estaba tan desarrollado como ahora, por lo que no se produjo el colapso de las instituciones financieras ni una crisis económica nacional.

Lo mismo puede decirse del estallido de las burbujas de la Compañía Francesa del Mississippi y la Compañía Británica de los Mares del Sur a principios del siglo XVIII.

Sin embargo, estos acontecimientos sólo fueron posibles porque estaban dirigidos por el Estado y transferían la carga de éste al sector privado, y porque se trataba de dinastías feudales, no de democracias con elecciones como las actuales.

La guerra era un asunto caro, incluso en los tiempos modernos y en la Edad Media.

Las guerras que no están respaldadas por el poder económico no se pueden ganar y siempre requieren más dinero del previsto.

Incluso Estados Unidos, que sigue siendo la moneda de reserva del mundo y es el único país con capacidad para imprimir dinero, está agobiado por la excesiva deuda fiscal que conlleva un suministro ilimitado de dólares, así que ¿qué decir de Inglaterra y Francia en la Edad Media?

Con tanta deuda nacional debido a las frecuentes guerras, Inglaterra y Francia no tenían una moneda basada en la confianza como el dólar estadounidense moderno. Afortunadamente, no era el entorno globalizado que tenemos hoy, y como había más acreedores nacionales que extranjeros, no provocó una gran crisis económica.

Sin embargo, el problema de la excesiva deuda nacional, junto con el excesivo pago de intereses, tendría que abordarse en algún momento, y fueron economistas como John Rawls, que llegó a Francia procedente de Escocia, quienes idearon una solución.

John Law quería emitir una moneda nacional que no estuviera respaldada por metales preciosos como el oro o la plata, que tenían valor por sí mismos, sino que pudiera circular puramente por el crédito del Estado. Para lograrlo, intentó establecer un banco central e implantar un sistema en el que el banco central controlaría la oferta de dinero mediante el poder de emisión.

Sin embargo, el clima económico de la época era tal que los inversores aún no confiaban en el Estado, y las frecuentes guerras y la inestabilidad política hacían que se confiara más en el oro y otras alternativas que en la moneda emitida por el Estado.
El problema de la inflación, preocupante si el Estado imprimía dinero sin restricciones, también habría sido difícil de controlar con este sistema.

John Law resolvió el problema de la deuda nacional aprovechando el sentimiento especulativo de una burbuja bursátil en lugar de la moneda nacional emitida por el banco central, que no inspiraba confianza.
La idea era crear una burbuja artificial que hiciera subir el precio de las acciones de una empresa y canjearlas por bonos del Estado en manos del sector privado en una oferta pública.

En el proceso, John Law estableció un banco central y experimentó con la posibilidad de un equivalente moderno de una moneda fiduciaria (dinero que no es canjeable por oro).

Por supuesto, esta empresa tuvo que ser creada y dotada de interés por el Estado para crear un futuro halagüeño, de modo que los beneficios de una empresa pública que monopolizaba un negocio apoyado por el Estado podían creerse garantizados, aunque aún no estuvieran probados.

El nombre de esta sociedad era Mississippi Company. Las acciones de esta sociedad, que poseía prácticamente todos los intereses en los proyectos de desarrollo colonial del gobierno francés, subieron como la espuma.

Fue como si un manipulador moderno hubiera intervenido en el mercado de valores para hacer subir el precio, ofreciendo canjear las acciones de la empresa en una oferta pública por bonos del gobierno francés.

El banco central francés emitió dinero para prestar capital circulante a una empresa de Mississippi, y la empresa de Mississippi emitió acciones para canjearlas por bonos del Estado francés de inversores privados.

En este proceso, había dos instrumentos que podían canjearse por las acciones de Mississippi: Bonos del Estado francés y moneda no convertible emitida por el banco central francés.

La moneda emitida por el banco central francés circulaba en el mercado y podía canjearse por las acciones del Mississippi, y esta moneda adquiría la condición de no tener que canjearse por oro.

Los bonos soberanos franceses que afluyeron a la empresa de Mississippi podían ser utilizados por ésta para reembolsar su préstamo al banco central francés, lo que permitió a éste emitir más billetes respaldados por más bonos soberanos.

A medida que el precio de las acciones de Mississippi subía, los bonos soberanos franceses privados fluían hacia Mississippi, y Mississippi los utilizaba para devolver su préstamo al banco central francés, de modo que la mayor parte de los bonos soberanos privados fluían hacia el banco central francés.

La deuda del gobierno francés con el sector privado se transformó en deuda con el banco central francés, que en su mayor parte es propiedad del gobierno francés. Fue un proceso de internalización de la deuda.

La subida del precio de las acciones de la empresa Mississippi y su oferta pública inicial también dieron lugar a una expansión de la masa monetaria. John Law esperaba que esto transformara la economía francesa en una economía monetaria, lo que naturalmente ampliaría la oferta de la moneda, que sufría una escasez crónica, y permitiría el crecimiento de la economía, incluido el comercio.

Los inversores que poseían bonos del gobierno francés sabían que el precio de las acciones de la compañía del Mississippi se había disparado, y trajeron sus bonos del gobierno francés, que se esperaba que valieran menos, a cambio de las acciones de la compañía del Mississippi, que se esperaba que valieran más.

Al incluir billetes emitidos por el banco central francés, además de bonos del Estado francés, como medio de intercambio de acciones, las acciones de la compañía del Mississippi contribuyeron a generalizar la circulación de billetes franceses, que habían sido desacreditados como irreditables.

Para cuando la mayoría de los bonos privados del gobierno francés se cambiaron por acciones del Mississippi, el precio de las acciones de la Compañía del Mississippi empezó a caer en picado.

Las acciones de la compañía estaban en las últimas a medida que los aristócratas franceses, muy conscientes de que la colonia no generaba ingresos, se daban cuenta de sus beneficios.

Gran Bretaña también siguió de cerca la burbuja francesa e impulsó artificialmente el precio de sus acciones a través de una empresa que comerciaba con esclavos de las colonias españolas llamada South Sea Company. El resultado fue el colapso de la burbuja.

Sin embargo, el proceso de estallido de la burbuja en estos países fue, en cierta medida, una solución al problema del sobreendeudamiento nacional, y los perjudicados fueron los inversores privados.

Tras el caótico siglo XVIII, las guerras que asolaron Europa a principios del siglo XIX, desencadenadas por las Guerras Napoleónicas, condujeron a la independencia de los países latinoamericanos que habían sido colonizados por España y Portugal, y después de las guerras, la invención de la máquina de vapor y la rueca dieron lugar a la Revolución Industrial en Europa.

La productividad aumentó, especialmente en la industria textil, y los fabricantes pudieron producir mayores cantidades de bienes a un ritmo más rápido que nunca.

Además, la industria ferroviaria, que comenzó con la invención de la máquina de vapor, provocó una demanda de fondos de inversión en Inglaterra y Suiza, y comenzaron a crearse bancos privados como UBS y Credit Suisse para proporcionar estos fondos.

Los bancos privados, que se dedicaban principalmente a la banca privada, como la gestión de activos para los ricos, empezaron a cambiar a la banca corporativa, que se estableció para la financiación a gran escala, como la inversión en proyectos ferroviarios.

En Europa y Estados Unidos, la rápida expansión de infraestructuras logísticas como ferrocarriles y canales provocó un exceso de oferta de capacidad de transporte, lo que, combinado con un exceso de inversión y especulación en el sector, hizo que los precios de las materias primas y las cotizaciones bursátiles cayeran en picado.

Esto provocó el pánico, ya que las instituciones financieras y las empresas relacionadas, como los ferrocarriles, quebraron y los inversores perdieron dinero debido a los impagos.

Los pánicos provocados por el exceso de oferta y la sobreinversión, como el colapso de la burbuja provocada por la inversión en proyectos de desarrollo en Sudamérica en la década de 1820 y el colapso de la burbuja ferroviaria en Inglaterra en la década de 1840, fueron causados por dicho exceso de oferta y sobreinversión.

En aquella época, se estaba implantando el patrón oro en Europa y, debido a la naturaleza del patrón oro, la intervención gubernamental en los pánicos era limitada.

El patrón oro, que comenzó a adoptarse en toda Europa en el siglo XIX, empezando por el Reino Unido, vinculaba la cantidad de oro y la moneda emitida por el gobierno a un tipo de cambio fijo, limitando la emisión de moneda por encima de las reservas de oro. Este sistema provocaba deflación en lugar de inflación.

Un sistema financiero basado en el patrón oro permitía a los bancos centrales y a las autoridades gubernamentales tomar sólo un número limitado de medidas durante las crisis económicas, como ajustar los tipos de interés, limitando la oferta monetaria en función de las reservas de oro.

En consecuencia, los gobiernos y los bancos centrales de la época sólo podían esperar a que el mercado resolviera el problema mediante la autocorrección por la desaparición de las causas naturales de la crisis o las fluctuaciones de los precios de mercado, en lugar de tomar medidas como diversas políticas monetarias o la flexibilización cuantitativa como en los tiempos modernos.

Sin embargo, debido al pequeño tamaño de los mercados financieros y al limitado exceso de oferta, los efectos dominó fueron a menudo relativamente leves.

En muchos casos, el mercado absorbió el exceso de oferta de forma escalonada, permitiendo que los precios se recuperaran. Como resultado, los pánicos del siglo XIX fueron a menudo localizados y relativamente efímeros, y las recesiones solían pasar de forma natural con el tiempo.

Los gobiernos y los bancos centrales de la época fueron a menudo criticados por los economistas por su actitud de laissez-faire hacia las víctimas de las crisis económicas, permitiendo que el mercado se ajustara por sí mismo incluso cuando se producían pánicos bajo el patrón oro.

3. Reflexiones sobre la Gran Depresión de 1929

A principios del siglo XX, la Primera Guerra Mundial no sólo cambió la faz de la guerra, sino que también exigió enormes gastos de guerra.

Países como Gran Bretaña, Francia, Alemania y Japón no pudieron hacer frente a los crecientes costes de la guerra y se vieron obligados a abandonar el patrón oro y aumentar la oferta de dinero.

Este aumento de la cantidad de dinero provocó una grave inflación al finalizar la guerra. Después de la guerra, para luchar contra la inflación reduciendo la oferta de dinero y aumentando el valor de sus monedas depreciadas, los países volvieron al patrón oro y trataron de aumentar sus reservas de oro subiendo los tipos de interés.

Estados Unidos llegó a prohibir la propiedad privada del oro, intentando mantenerlo en manos del Estado. Países como Alemania, ante la perspectiva de tener que pagar enormes indemnizaciones de guerra como nación derrotada, intentaron resolver este problema movilizando el poder de la impresión de dinero.

Sin embargo, al igual que la situación hiperinflacionaria del actual Zimbabue, con el valor de la moneda cayendo día a día y el coste de la vida subiendo día a día, los ciudadanos alemanes se vieron obligados a hacer cola con carretillas llenas de moneda alemana para comprar pan.

También fue una época de humillación para la moneda alemana, ya que los ladrones robaban las carretillas, dejando el dinero en ellas.

El periodo hiperinflacionista de Alemania, en el que el banco central del país sufrió un duro golpe y sigue siendo sensible a la inflación, se cita a menudo como ejemplo de los efectos adversos de la impresión ilimitada de dinero utilizando el poder del dinero fiduciario.

Estados Unidos, el único país que salió indemne de la Primera Guerra Mundial y una de las mayores economías del mundo al empezar a acumular una enorme riqueza gracias a la exportación de material bélico, entró en la próspera década de 1920 con una burbuja inmobiliaria en Florida, el desarrollo de las industrias del automóvil, la electrónica y la aviación, y la aparición de nuevas tecnologías como la producción en masa y los sistemas de gestión.

A pesar del desarrollo de la banca privada, la Reserva Federal, creada en 1913, aún no disponía de un sistema completo de control sobre las instituciones financieras, y el enfoque de laissez-faire económico del gobierno federal estadounidense hacía hincapié en una intervención mínima en la economía, por lo que los préstamos bancarios eran fácilmente accesibles sin demasiada regulación.

Del mismo modo que el optimismo sobre el futuro parecía dominar el mundo durante la burbuja de las puntocom, el optimismo y las expectativas sobre la economía estadounidense llevaron al uso del apalancamiento en el comercio de acciones, y el mercado bursátil estadounidense se disparó.

El apalancamiento es cuando alguien que no tiene dinero utiliza el poder del dinero para obtener un beneficio, como cuando alguien que quiere comprar un apartamento de 300.000 dólares sólo tiene 100.000 dólares en el bolsillo y pide un préstamo de 200.000 dólares para comprar la casa.

En el mercado de valores, el apalancamiento también contribuyó a la burbuja bursátil al inflar el tamaño de las transacciones mediante el crédito. Durante el boom bursátil, el apalancamiento en el mercado podía llegar a ser de hasta 10 veces. Cuando estás apalancado y el precio de un activo sube, puedes ganar mucho dinero porque tus costes son prácticamente fijos, pero si el precio del activo se desploma, es probable que recibas un ajuste de márgenes.

La empresa de corretaje que tiene tus acciones como garantía tendrá que venderlas en una operación contraria o pagar más de tu dinero como depósito para mantenerlas a flote.

Los peligros de la inversión apalancada quedaron demostrados en Estados Unidos en 2021, cuando el coreano-estadounidense Bill Huang apostó fuertemente por valores tecnológicos chinos, utilizando 10.000 millones de dólares de su propio dinero y 40.000 millones en apalancamiento, y perdió casi 20.000 millones en dos días cuando el mercado bursátil se desplomó.

El incidente, que le valió a Bill Huang un lugar en el Libro Guinness de los Récords por la mayor pérdida en el menor periodo de tiempo, le costó a Credit Suisse, que le había prestado el dinero, más de 5.000 millones de dólares, y acabó siendo adquirido por UBS en 2023.

El mercado bursátil estadounidense estaba pasando de la inversión a la especulación a través de estas inversiones apalancadas, y la avalancha de dinero se volvía hacia el sector inmobiliario tras el mercado bursátil estadounidense.

Zonas subdesarrolladas como Florida empezaron a experimentar un auge de desarrollo a medida que la industria del automóvil y las extensiones de ferrocarril las hacían más accesibles, y un exceso de dinero empezó a afluir a estas zonas para invertir en proyectos de desarrollo, creando burbujas en el sector inmobiliario y las acciones. Antes del siglo XIX, el mundo se encontraba en un estado de exceso de demanda, en el que siempre había escasez de productos de primera necesidad para consumir.

Sin embargo, el aumento de la productividad debido al desarrollo de la ciencia y la tecnología creó suficiente oferta para compensar el exceso de demanda, y ahora la oferta supera a la demanda.

En el siglo XIX, hubo varios pánicos causados por el exceso de oferta, pero fueron localizados y de corta duración, causados por el exceso de oferta en sectores específicos como el ferrocarril, la agricultura y el textil.

Los desplomes bursátiles y las quiebras de instituciones financieras también contribuyeron a la magnitud del pánico, pero poco podían hacer los gobiernos o los bancos centrales bajo el patrón oro y, con el tiempo, los precios se autocorregían y la producción volvía a los niveles previos al pánico.

¿Hubo una insensibilización a las crisis económicas del siglo XIX?

Había burbujas en una amplia gama de sectores, incluido el exceso de oferta en el mercado de materias primas, burbujas en el mercado inmobiliario, expansión del apalancamiento en el mercado financiero y burbujas en el mercado bursátil, y el sobrecalentamiento de las instituciones financieras que invertían en acciones era cada vez mayor, a diferencia de la burbuja del siglo XIX.

Sin embargo, la gente seguía siendo optimista sobre los mercados y el futuro, y ese optimismo se haría añicos un martes de octubre de 1929.

En los mercados de materias primas, los inventarios empezaron a aumentar a medida que la demanda de los consumidores se quedaba corta frente a la oferta.

Cuando el mercado bursátil se desplomó, los particulares, las empresas y las instituciones financieras que habían invertido en acciones con apalancamiento y crédito sufrieron un duro golpe y comenzaron a quebrar.

Antes del siglo XX, el sistema financiero aún no estaba maduro, y ciertos acontecimientos, como las corridas bancarias, provocaban la quiebra de algunas instituciones financieras.

Pero ahora, gracias al desarrollo del sistema financiero, la velocidad y el impacto de las crisis son muy diferentes.

El pánico en EE.UU. se extendió rápidamente a Europa debido al aumento del comercio entre EE.UU. y Europa, y los países de todo el mundo se enfrentaron a una crisis económica global.

Como esta crisis económica era tan diferente de las anteriores, los análisis de casos y las recetas para crisis económicas pasadas no fueron muy eficaces, y los economistas tenían opiniones diferentes.

En la vorágine de la Gran Depresión, prevalecía el proteccionismo, como las barreras arancelarias y las cuotas de importación, para proteger a las industrias nacionales, y bajo el patrón oro, la oferta de moneda era limitada, lo que hacía imposible adoptar políticas como la flexibilización cuantitativa, y el comercio se restringía a menudo para evitar que el escaso oro saliera del país.

Las restricciones a la oferta monetaria bajo el patrón oro causaron deflación, mientras que las restricciones al comercio exterior y la protección de las industrias nacionales mediante el proteccionismo exacerbaron la recesión porque no había mercado para el exceso de oferta de bienes.

## 4. Superación de la Gran Depresión

Lo que Europa, Japón y Estados Unidos tienen en común a la hora de superar la Gran Depresión es que abandonaron la restricción monetaria mediante la abolición del patrón oro y suministraron dinero al mercado mediante políticas de expansión monetaria o expansión fiscal.

En Estados Unidos, el Presidente Franklin D. Roosevelt aplicó políticas para aumentar la demanda mediante políticas fiscales como el New Deal, y amplió la oferta monetaria mediante la abolición del patrón oro en 1933. Sin embargo, no fue hasta la Segunda Guerra Mundial cuando Estados Unidos salió totalmente de la Gran Depresión.

La recuperación de Europa de la Gran Depresión fue similar a la de Estados Unidos. Se utilizó la política fiscal para estimular la demanda privada y la abolición del patrón oro para ampliar la oferta monetaria.
Sin embargo, la salida completa de la Gran Depresión tendría que esperar hasta la Segunda Guerra Mundial.

Japón abandonó el patrón oro en 1931 y amplió su oferta monetaria. El gobierno japonés optó por utilizar su poder para recaudar dinero fácilmente en el mercado de bonos del Estado.
Tomó el control del Banco de Japón para recaudar dinero directamente del mercado de bonos y utilizó el estímulo fiscal para pagar las guerras y aumentar la inversión pública en proyectos de infraestructura.

Sin embargo, la moneda estaba muy sobrecargada por la guerra chino-japonesa y otras guerras, por lo que a finales de los años 30 el gobierno cambió a una política de estricto control monetario para luchar contra la inflación.

No fue hasta la Gran Depresión cuando las finanzas empezaron realmente a tener un impacto importante en la economía en general.

Bajo el patrón oro, la oferta monetaria era limitada, por lo que no causaba inflación y nunca hubo un problema de exceso de oferta de dinero. Por lo tanto, el papel de los bancos y las instituciones financieras era muy limitado.

Sin embargo, cuando fue necesario ampliar la oferta monetaria en tiempos de guerra o para superar la Gran Depresión, se abandonó el engorroso patrón oro y se amplió el crédito a través de los bancos.

Como los bancos se convirtieron en el centro de las finanzas de primera línea, actuando como puente entre el sector privado y el gobierno, el impacto de su quiebra en la economía fue significativo.

Tras el final de la Segunda Guerra Mundial, se introdujo el sistema de Bretton Woods para abordar el problema de la inflación, ya que la expansión de la oferta monetaria en tiempos de guerra provocó inflación. La solución a la inflación fue volver al patrón oro.

El primer paso fue establecer un tipo de cambio fijo para el oro y el dólar, mientras que todos los demás países, excepto Estados Unidos, mantenían un tipo de cambio fijo con el dólar estadounidense.

Mediante este sistema de tipo de cambio fijo, se podía conseguir un tipo de cambio estable y, sobre esa base, estabilizar el comercio internacional y ampliarlo. Este fue el momento en que la posición del dólar estadounidense como moneda oficial de reserva estaba garantizada por el poder económico de Estados Unidos.

5. Crisis económicas y respuestas tras el abandono del patrón oro

Bajo el sistema de Bretton Woods, el tipo de cambio entre el oro y el dólar estadounidense se mantuvo durante muchos años en una tasa de 35 dólares por onza de oro.

Sin embargo, debido al gran déficit comercial de Estados Unidos en la década de 1960 y a la expansión de la oferta de dólares estadounidenses para financiar la guerra de Vietnam, Estados Unidos abandonó el patrón oro en 1971.

El precio del oro, que se había acumulado bajo el sistema de Bretton Woods, se disparó, mientras que el valor del dólar cayó en picado. Hoy, a más de 2.000 dólares la onza, el oro se ha revalorizado 57 veces en poco más de 50 años.

Durante las dos crisis del petróleo de la década de 1970, era popular aumentar el valor del dinero subiendo los tipos de interés para contrarrestar la inflación causada por el alza de los precios del petróleo. Sin embargo, Gran Bretaña, que había perdido su posición de potencia mundial en favor de Estados Unidos tras la Segunda Guerra Mundial, estaba perdiendo competitividad en el mercado mundial, quedando por detrás de Japón y Alemania.

La acumulación de déficits comerciales y la inflación provocada por las crisis del petróleo depreciaron su moneda, la libra esterlina, y el gobierno se enfrentó a una crisis fiscal tras las políticas fiscales expansivas para estimular la economía. La salida de dólares del déficit comercial acumulado provocó una crisis de divisas, y el Reino Unido se vio obligado a solicitar un rescate al FMI en 1976.

La solicitud de rescate del Reino Unido al FMI se debió a la combinación de una crisis fiscal provocada por las políticas fiscales para estimular la economía y una crisis comercial y de divisas causada por el agotamiento de las divisas debido a la acumulación de déficit comerciales.

A finales de la década de 1970, el gobierno de Jimmy Carter nombró a Paul Volcker presidente de la Reserva Federal para luchar contra la inflación. Fue apodado el "luchador contra la inflación", y rápidamente elevó el tipo de interés de referencia hasta casi el 20%.

La subida de los tipos de interés en EE.UU. aumentará la demanda de dólares para invertir en EE.UU. desde el extranjero, lo que hará que el dólar se fortalezca y contribuirá al crecimiento económico de potencias manufactureras como Alemania y Japón, que tienen una ventaja comparativa en los precios de exportación.
Sin embargo, siempre existe el riesgo de una crisis económica en tiempos de endurecimiento monetario.
En el caso de Estados Unidos, los tipos de interés artificialmente altos del 20% mantuvieron la inflación bajo control, pero la crisis llegó cuando la recesión, especialmente el estallido de la burbuja inmobiliaria, se hizo realidad.

Obligadas a pagar tipos de depósito más altos para captar depósitos en competencia con los bancos comerciales, las asociaciones de ahorro y préstamo (S&L) estadounidenses empezaron a invertir en productos de riesgo, como yacimientos petrolíferos en el Mar del Norte y México e inmuebles comerciales de alto rendimiento, para mejorar su rentabilidad.
Tenían que competir por depósitos de alto interés, lo que les obligaba a buscar inversiones de mayor rendimiento.

Como el coste del apalancamiento aumentó debido a la situación de tipos de interés elevados, y los inversores abandonaron el mercado inmobiliario debido al exceso de oferta de inmuebles comerciales y a la reforma fiscal inmobiliaria, los precios de los inmuebles cayeron en picado y las asociaciones de ahorro y préstamo empezaron a quebrar en 1988.

El colapso de las instituciones financieras debido al estallido de burbujas inmobiliarias y la consiguiente crisis financiera es un caso común de crisis económica en la economía global moderna. La crisis financiera que se produjo en los tres países nórdicos en la década de 1990 también fue causada por la quiebra de instituciones financieras debido al colapso de los precios de los activos en mercados reales como el inmobiliario.

El colapso de las instituciones financieras tras el estallido de burbujas inmobiliarias se reconoce como un patrón regular en las economías modernas, siendo la crisis financiera nórdica, el colapso de la burbuja japonesa y la crisis financiera mundial de 2008 algunos de los ejemplos más notables.

Todas estas burbujas inmobiliarias precedentes comenzaron con la desregulación y los bajos tipos de interés, mientras que el estallido de las burbujas se asocia a factores como la subida de los tipos de interés, el aumento de la regulación y el exceso de capacidad.
Además de estos factores, en todas las crisis financieras mencionadas había un gran número de préstamos que superaban el 100% de la relación préstamo-valor (LTV).

En el caso de Japón, la situación de elevados tipos de interés en Estados Unidos a principios de los ochenta provocó el fortalecimiento del dólar, y el notable crecimiento de las empresas japonesas dio lugar a un superávit comercial anual con Estados Unidos.

Estados Unidos, por su parte, esperaba resolver los llamados déficits gemelos acumulando un déficit fiscal junto con un déficit comercial.

En 1985, Estados Unidos puso en marcha el Acuerdo del Plaza para resolver políticamente el problema del déficit comercial.

Estados Unidos exigió a Japón, Alemania Occidental y otros países importantes que apreciaran sus monedas para mejorar sus balanzas comerciales, y éstos accedieron.

La apreciación del yen a casi la mitad provocó un descenso de las exportaciones japonesas, y Japón, alarmado, adoptó una política de tipos de interés bajos y de relajación monetaria para revitalizar la economía mediante el crecimiento económico continuado y la demanda interna.

Sin embargo, el dinero liberado fluyó hacia los mercados inmobiliario y bursátil, creando una grave burbuja de precios de los activos, y a diferencia de Alemania Occidental, que, junto con Japón, estaba sujeta a la apreciación del tipo de cambio del Acuerdo del Plaza y subió los tipos de interés en 1987 por temor a una burbuja de precios de los activos, el banco central japonés pensó que la situación de los precios era estable y dejó pasar el momento de intervenir en el mercado para suavizar la economía.

La inflación se estaba estabilizando debido a la caída de los precios de importación provocada por la fortaleza del yen, por lo que el gobierno se mostró tolerante con las burbujas de precios de los activos.

Sin embargo, en 1989, a medida que los problemas sociales causados por la burbuja se agravaban y recalentaban, generalizándose los préstamos con una relación préstamo-valor superior al 100%, empezaron a surgir diversas políticas de austeridad y regulación, como la subida de los tipos de interés por parte del banco central de Japón y las restricciones sobre el importe total de los préstamos al mercado inmobiliario.

También influyó la norma del Banco de Pagos Internacionales (BPI) de 1988, según la cual los bancos debían mantener un coeficiente BPI del 8% o superior.

Si un banco japonés no mantenía un coeficiente BIS de al menos el 8%, sería designado como banco fallido, incapaz de participar en transacciones de divisas y expulsado de los mercados financieros y comerciales internacionales.

Además, cuando el Banco de Pagos Internacionales recomendó que el gobierno japonés limitara el importe total de los préstamos a un máximo de 2,5 veces el capital social para reforzar la calidad de los activos de los bancos, el recién nombrado gobernador del Banco de Japón, Mieno, intentó sanar la burbuja de precios de los activos y reforzar la calidad de los activos de los bancos y otras instituciones financieras subiendo los tipos de interés y restringiendo el importe total de los préstamos.

El colapso de las burbujas de precios de los activos en el mercado inmobiliario y bursátil de Japón empujó a la economía japonesa a la recesión, y a medida que las instituciones financieras se volvían insolventes, el gobierno japonés adoptó una política fiscal para estimular la economía.

Esto se debió a un clima empresarial tradicionalmente reacio, a grupos de interés demasiado fuertes para intentar reformas como la laboral y a la preocupación por el aumento de los préstamos morosos mediante la relajación monetaria, todo lo cual se abordó mediante la política fiscal en lugar de la monetaria.

Además, se dio prioridad a la política fiscal como solución a corto plazo debido al fuerte poder del Ministerio de Finanzas japonés, la ejecución directa del presupuesto y la facilidad para comprender los efectos indirectos.

Sin embargo, la política fiscal del gobierno japonés ha provocado un aumento de la oferta de bonos del Estado a largo plazo y una disminución del precio de los bonos del Estado a largo plazo, lo que a su vez ha provocado un aumento de los tipos de interés a largo plazo, debilitando la demanda de bienes inmuebles.

Esto tuvo un impacto negativo en el mercado inmobiliario y provocó la acumulación de préstamos morosos por parte de las instituciones financieras japonesas.

Cuando las instituciones financieras empezaron a quebrar debido al deterioro de las inversiones en el extranjero y a los impagos en la crisis monetaria asiática de 1997, el gobierno japonés intentó tardíamente resolver la crisis reestructurando las instituciones financieras, pero ya era demasiado tarde para salvarlas.

Para estimular la economía, el gobierno de Abe ha aplicado desde entonces una política de bombeo de dinero al mercado mediante la flexibilización cuantitativa y la compra de bonos del Estado por un valor de hasta 80 billones de yenes al año a través del Banco de Japón.

A pesar de que esta QE ha provocado que los activos del banco central japonés superen el 90% del PIB y la deuda pública el 200% del PIB, convirtiendo a Japón en uno de los países más endeudados del mundo, los intentos del gobierno de impulsar la inflación por encima del 2% no han tenido éxito.

El Banco de Japón, el banco central del país, pasó de una política de tipos de interés cero a una política de tipos de interés negativos e incluso utilizó una política de control de la curva de rendimiento para controlar los tipos de interés a largo plazo, pero la recesión y la deflación de Japón fueron tan graves que la tasa de inflación objetivo del 2% fue difícil de alcanzar.

Los países nórdicos, en cambio, tuvieron una solución diferente. Los tres países nórdicos se enfrentaron a una crisis cuando estalló la burbuja inmobiliaria, provocando la reducción a la mitad del valor de los inmuebles y el colapso de las instituciones financieras bajo el peso de la reducción a la mitad del valor de las garantías.

Las autoridades financieras de estos países inyectaron inmediatamente fondos públicos. Las instituciones financieras que probablemente tardarían en recuperarse fueron nacionalizadas para evitar que los daños se extendieran al sector privado, y el gobierno asumió el liderazgo de la reestructuración.

Aunque la interpretación de cada cual de lo ocurrido es diferente, y hay muchas variables, como las diferencias en el entorno y el tamaño de las economías, ha habido crisis que se resolvieron en un periodo relativamente corto con las políticas adecuadas en el momento oportuno, y otras que se prolongaron por juzgar mal el momento, las causas y las oportunidades de intervención en el mercado.

El estallido de la burbuja estadounidense de las puntocom a principios de la década de 2000 es un ejemplo similar de crisis financiera, aunque de distinto tipo.

En lugar de en el sector inmobiliario, fueron las inversiones en acciones de empresas puntocom que estaban muy sobrevaloradas en relación con su valor intrínseco las que provocaron el estallido de la burbuja, con las consiguientes pérdidas y crisis para las instituciones financieras que invirtieron en estas empresas.

Las burbujas inmobiliarias comienzan con un entorno positivo para la compra de bienes inmuebles, como la desregulación a través de medidas de liberalización financiera y la reforma fiscal, y una expansión de la oferta monetaria, que conduce a la inflación. Durante una burbuja, se produce un exceso de oferta inmobiliaria, que acaba provocando una situación similar a la tulipán-manía.

Sin embargo, en los sistemas financieros menos desarrollados, como los anteriores al siglo XX, el proceso de resolución del problema podía retrasarse al intentar confiar en el comportamiento autocorrectivo de la oferta y la demanda.

Sin embargo, en las economías modernas, donde la inflación está estrictamente controlada mediante la intervención y supervisión de las autoridades monetarias, el gobierno puede intervenir rápidamente en el mercado subiendo los tipos de interés y restringiendo los préstamos.

Aumentar el coste del apalancamiento mediante subidas de los tipos de interés y el endurecimiento monetario acelera el estallido de las burbujas al incitar a la oferta y la demanda a autocorregirse.

La crisis de las cajas de ahorros coreanas puede entenderse en un contexto similar.

Durante el auge inmobiliario, las cajas de ahorros aumentaron su cuota de préstamos a fondos de pensiones inmobiliarios para obtener altos rendimientos, pero cuando el mercado inmobiliario giró a la baja al subir el Banco de Corea los tipos de interés para frenar la inflación, las cajas de ahorros empezaron a quebrar.


6. Las crisis financieras asiáticas desde los años noventa

Si las crisis financieras son la forma más común de crisis económicas, las crisis cambiarias son crisis económicas de las que son víctimas las rivalidades hegemónicas entre países.

En particular, los países en desarrollo suelen tener una gran salida de dólares en función de los tipos de interés en Estados Unidos, y cuando Estados Unidos sube los tipos de interés, los países en desarrollo suelen sufrir crisis de divisas debido a la entrada de dólares en Estados Unidos.

La crisis económica asiática de 1997 tuvo muchos factores complejos, pero puede considerarse una crisis de divisas en el sentido de que el país solicitó un rescate a organizaciones financieras internacionales como el FMI debido a la falta de divisas.

Una crisis de divisas es una crisis provocada por la escasez de divisas, causada principalmente por la acumulación de salidas de divisas debidas a déficits comerciales y fluctuaciones de los tipos de cambio de países competidores que provocan desequilibrios comerciales.

En particular, también se señala como causa de la crisis el hecho de que estos países hubieran adoptado medidas para liberalizar los movimientos internacionales de capital antes de la crisis.

Las medidas para liberalizar los flujos internacionales de capital son una de las principales características de las crisis económicas modernas, y cuando los países con políticas restrictivas, como las políticas comerciales proteccionistas, abren sus mercados nacionales de capital a través de medidas de liberalización del capital, sus mercados nacionales suelen verse asaltados debido a la debilidad de las condiciones financieras nacionales.

Además, hay muchos casos en los que el sistema de tipo de cambio no refleja adecuadamente el verdadero valor intrínseco del mercado debido a un sistema de tipo de cambio rígido, como un sistema de tipo de cambio fijo, un sistema de tipo de cambio medio gestionado por el mercado o una vinculación al dólar estadounidense, lo que provoca una crisis de divisas debido a los ataques de los fondos de cobertura.

Esto no es sólo un problema para los países en desarrollo, sino que también puede ocurrir en países desarrollados con sistemas financieros bien desarrollados.

Un buen ejemplo es la crisis monetaria de 1992 en el Reino Unido, que tuvo que gestionar su tipo de cambio en una banda estrecha frente al marco alemán para poder incorporarse al sistema de tipo de cambio fijo de la zona euro denominado Mecanismo Europeo de Tipos de Cambio (MTC).

A diferencia de Alemania, que aplicó una política de tipos de interés elevados para contrarrestar la inflación en la antigua Alemania del Este tras la reunificación, el

Reino Unido no supo defender su tipo de cambio de los ataques de los fondos especulativos que consideraban que la libra estaba sobrevalorada en relación con su valor intrínseco de mercado. Como consecuencia, el Reino Unido se vio obligado a abandonar el MTC y el euro.

A mediados y finales de la década de 1990, los países del sudeste asiático competían ferozmente con una China en ascenso en los mercados mundiales.
A principios de 1994, China, que registraba un déficit comercial, devaluó bruscamente su moneda un 49,8%, de 5,82 yuanes a 8,72 yuanes por dólar, cuando la diferencia entre su tipo de cambio oficial, el justo, y el de mercado casi se duplicó, y su balanza comercial se convirtió posteriormente en superavitaria.

Esto provocó un déficit comercial en los competidores chinos del sudeste asiático y supuso una salida de divisas.

A pesar de la salida de divisas, países como Tailandia, que utilizaba una rígida vinculación al dólar, deberían haber devaluado su moneda, el baht, pero debido a la rigidez del sistema cambiario, el baht no se devaluó y siguió sobrevalorado al estar vinculado al dólar.

Como consecuencia, el valor del baht cayó en picado debido a las salidas de capital de los inversores extranjeros y a los ataques al baht por parte de los especuladores, y el gobierno tailandés intentó mantener el valor del baht vendiendo dólares en el mercado para defenderlo, pero sólo consiguió agotar sus reservas de divisas.

En Corea del Sur, el tipo de cambio del yen frente al dólar estaba muy influido por los competidores de Japón en el mercado mundial.
Cuando el yen se apreció gracias al Acuerdo del Plaza en 1985, Corea empezó a ampliar sus exportaciones en el mercado mundial.

La apreciación del yen condujo a años de crecimiento pujante de la economía surcoreana. En el proceso, las empresas surcoreanas se endeudaron en exceso para crecer, y su ratio deuda-capital alcanzó el 400% antes de la crisis, lo que las convirtió en un riesgo potencial.

Además, se tomaron medidas de liberalización financiera y cambiaria por etapas para ingresar en la OCDE, y el deseo del gobierno de apreciar en vez de devaluar la moneda para alcanzar un PIB per cápita de 20.000 dólares también contribuyó a distorsionar el valor del won en el mercado.

Sin embargo, en 1995 creció en Estados Unidos y otros países la opinión de que era necesario revitalizar la economía japonesa debido al exceso de yenes y al Gran Terremoto de Kobe.

En respuesta, el yen empezó a depreciarse frente al dólar mediante el acuerdo de la plaza inversa, y Corea del Sur registró su peor déficit comercial en 1996.

A pesar de esta salida de divisas, Corea del Sur aplicó un régimen cambiario rígido denominado tipo de cambio medio gestionado por el mercado.
A pesar de la salida de divisas por el déficit comercial, la moneda nacional de Corea del Sur, el won, estaba sobrevalorada debido al rígido régimen cambiario, que no reflejaba su valor intrínseco.

Los riesgos potenciales se vieron agravados por el llamado "carry trade", en el que las empresas financieras dedicadas a operaciones internacionales de financiación de divisas tomaban prestada deuda extranjera a corto plazo con los tipos de interés más bajos para maximizar los rendimientos e invertían en préstamos a largo plazo o instrumentos de riesgo con los tipos de interés más altos en el Sudeste Asiático, como Tailandia.

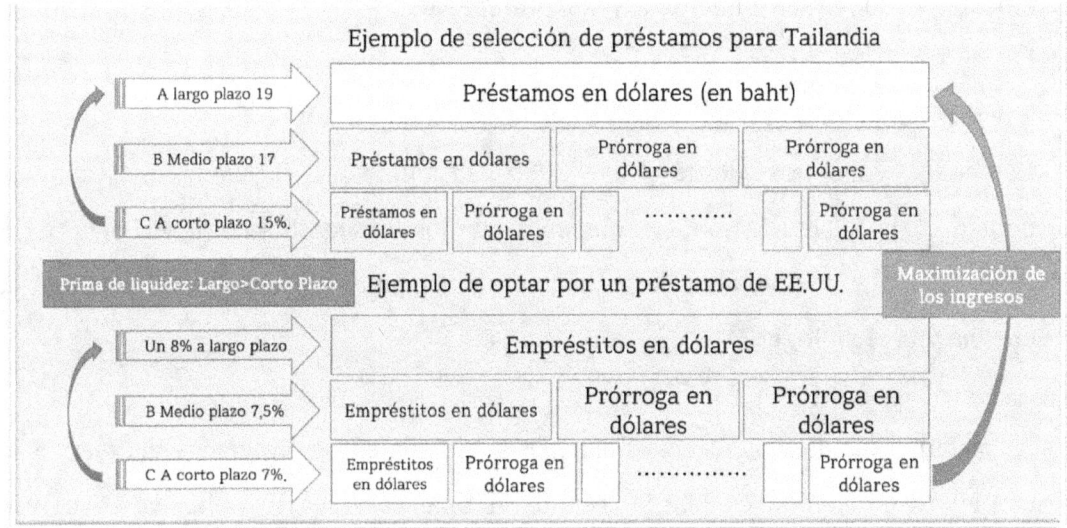

Una serie de quiebras de grandes empresas a partir de principios de 1997 y la retirada acelerada de dólares de Corea del Sur, desencadenada por la crisis monetaria de Tailandia en julio de 1997, provocaron un fuerte descenso de las reservas de divisas de Corea del Sur.

Las empresas financieras en general, que habían tratado de maximizar su margen mediante operaciones de carry trade, empezaron a retirar fondos nacionales en gran número al enfrentarse a dificultades con la suspensión de las prórrogas de la deuda exterior a corto plazo y los impagos de los fondos de inversión tailandeses.

A principios de 1997 empezaron a aparecer noticias de quiebras de conglomerados coreanos, y el mercado de valores se desplomó. El tipo de cambio alcanzó un máximo histórico de más de 2.000 won por dólar, y los tipos de interés superaron el 20%.

En diciembre de 1997, Corea del Sur anunció oficialmente su solicitud de rescate al FMI, y con la promesa de 55.000 millones de dólares en divisas, el gobierno se embarcó en la reestructuración exigida por el FMI.

7. Crisis económicas posteriores a la década de 2000

Las crisis económicas desde el año 2000 han tenido ramificaciones más amplias debido a la globalización, el aumento de los desequilibrios mundiales y la sofisticación y complejidad de las técnicas financieras debido al desarrollo de la ciencia y la tecnología.

A medida que los mercados financieros mundiales se volvían cada vez más complejos e interconectados, la tecnología financiera se vio obligada a ser más avanzada, y los expertos financieros idearon nuevas formas de cubrir los riesgos, haciendo que los mercados financieros fueran más complejos.

Sin embargo, el uso de estas nuevas técnicas financieras también contribuyó a la crisis económica posterior al año 2000, ya que el uso de derivados permitió a los inversores asumir grandes cantidades de apalancamiento y riesgo, lo que contribuyó al colapso de las instituciones financieras durante la crisis financiera mundial de 2008.

Un fondo de cobertura llamado LTCM hizo una ambiciosa entrada en los mercados mundiales de capitales en la década de 1990, reclutando como socios a estrellas como Robert Merton y Myron Scholes, que desarrollaron el famoso modelo Black-Scholes de la teoría de valoración de opciones.

A pesar de sus sofisticados y complejos modelos econométricos con costosos ordenadores, se vieron obligados a declararse en quiebra en 1998 cuando una moratoria rusa hizo caer en picado el precio de los bonos del Estado ruso en los que invertían.

Antes de eso, en 1995, Nick Leeson, que trabajaba en la oficina de Singapur del Barings Bank, se dedicaba al comercio de derivados, vendiendo opciones straddle y comprando contratos de futuros sobre el índice Nikkei 225. Había estado perdiendo dinero con sus operaciones de derivados.

Llevaba años perdiendo dinero en sus operaciones con derivados, pero ocultaba sus pérdidas guardándolas en una cuenta secreta de errores llamada 88888.

Sin embargo, tenía una posición larga sustancial en futuros, y cuando el Gran Terremoto de Kobe en Japón causó pérdidas masivas, envió por fax su dimisión a la sede central de Londres y admitió sus pérdidas.

Las consecuencias del comportamiento de este único individuo fueron devastadoras, provocando la quiebra del Barings Bank of England, con más de 200 años de antigüedad.

A pesar de estas crisis del mercado inducidas por los derivados, éstos siguieron introduciéndose en el mercado, reflejando la teoría de la diversificación de carteras, la idea de que el riesgo puede reducirse combinando carteras con bajos coeficientes de correlación.

Los valores respaldados por activos (ABS), los valores respaldados por hipotecas (MBS), las obligaciones de deuda garantizadas (CDO) y las obligaciones hipotecarias garantizadas (CMO) se desarrollaron para titulizar préstamos, y los inversores creyeron que estos productos cubrirían su riesgo y minimizarían sus pérdidas.

Tras la Gran Depresión de 1929, la derogación de la Ley Glass-Steagall, que prohibía a los bancos estadounidenses invertir los depósitos de sus clientes en activos de riesgo como las acciones, permitió a los bancos de inversión entrar en el negocio de los bancos comerciales y dio lugar a la creación de grandes instituciones financieras mediante fusiones.

En Estados Unidos, donde los intereses de los depósitos estaban limitados por el Reglamento-Q, que se promulgó tras la Gran Depresión para evitar las quiebras bancarias, la relajación del Reglamento-Q provocó una mayor competencia por los depósitos y la necesidad de que las instituciones financieras encontraran y gestionaran oportunidades de inversión de mayor rendimiento.

A principios y mediados de la década de 2000, el mercado inmobiliario estadounidense empezó a subir gradualmente de precio, ya que la Reserva Federal mantuvo bajos los tipos de interés para estimular la economía estadounidense, deprimida por el estallido de la burbuja de las puntocom y los sucesos del 11 de septiembre, debido a los menores costes de apalancamiento, el aumento de la población estadounidense y el creciente deseo de ser propietario de una vivienda.

La afluencia de dinero al mercado inmobiliario también espoleó la demanda especulativa, haciendo que se dispararan los precios de la vivienda y aumentara la demanda de promoción.

Para financiar el mercado inmobiliario de alta demanda, los prestamistas inmobiliarios empezaron a relajar sus normas de préstamo y a ofrecer hipotecas de alto riesgo a prestatarios con puntuaciones crediticias más bajas y ponderaciones de riesgo más elevadas, lo que provocó un recalentamiento.

En el mercado internacional, los capitales internacionales, como los fondos soberanos y los fondos de pensiones de Oriente Medio, que habían acumulado riqueza al subir los precios del petróleo debido a la mayor demanda de petróleo de China e India, que seguían creciendo a un ritmo elevado, empezaron a buscar activos refugio.

En este ambiente, los bancos de inversión estadounidenses empezaron a desarrollar derivados que pudieran diversificar el riesgo basándose en técnicas financieras avanzadas y recibir calificaciones crediticias superiores mediante garantías de pago de grandes compañías de seguros como AIG, y se centraron en el floreciente mercado inmobiliario estadounidense.

Las hipotecas subprime se agruparon con hipotecas prime y alt-A de mayor calificación en valores titulizados denominados MBS, que se dividieron en clases denominadas tramos en función de la solvencia, el riesgo y la rentabilidad, y se emitieron como CDO, que son una mezcla de valores y otros instrumentos, o CMO, que son sólo productos hipotecarios.

Las agencias de calificación crediticia asignaban calificaciones a cada valor, y las CDO y CMO con calificaciones altas se consideraban seguras porque cubrían el riesgo mediante la diversificación.

Pero los derivados como las CMO y las CDO, que se crearon utilizando complejas técnicas de titulización, y las hipotecas de alto riesgo, que estaban mal documentadas y por tanto eran menos solventes, eran difíciles de valorar adecuadamente.

Al recalentarse el mercado inmobiliario y producirse inflación, subieron los tipos de interés, como siempre, y se endureció la política monetaria para controlar la inflación y devolver a la economía estadounidense a un aterrizaje suave. De 2004 a 2006, la Reserva Federal subió los tipos de interés del 1% al 5,25%.

A medida que los precios inmobiliarios caían debido a la sobreoferta de inmuebles y al aumento de los tipos de interés, los prestatarios de hipotecas de alto riesgo que solicitaron préstamos con tipos de interés elevados empezaron a impagar sus préstamos, y aumentaron las ejecuciones hipotecarias de viviendas, lo que provocó una caída aún mayor del sector inmobiliario.

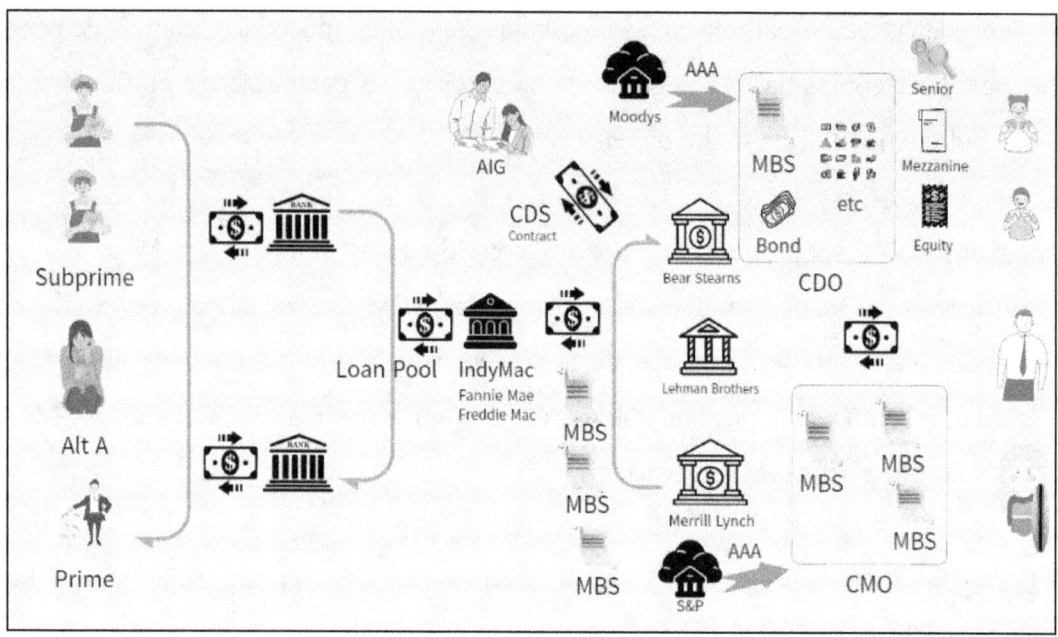

Los prestatarios de hipotecas subprime, en particular, solían tener préstamos con tipos de interés ajustables, lo que hacía que el aumento de los tipos de interés les resultara más costoso y provocara más quiebras. Con el impago de las hipotecas de alto riesgo, los inversores en derivados relacionados, como MBS, CDO y CMO, empezaron a perder dinero en cascada.

En 2007, el prestamista de hipotecas de alto riesgo New Century Financial quebró, desencadenando la crisis financiera mundial. En marzo de 2008, se hundió Bear Stearns Bank, el quinto banco de inversión de Estados Unidos, y ese verano cerraron las mayores entidades hipotecarias del país: IndyMac, Fannie Mae y Freddie Mac.

Después, en septiembre de 2008, Lehman Brothers, el cuarto banco de inversión de Estados Unidos, se hundió, y Merrill Lynch, el tercero, fue vendido a BOA. La mayor aseguradora del mundo, American International Group (AIG), fue inyectada con fondos públicos.

En 2009, GM, el mayor fabricante de automóviles del mundo, se declaró en quiebra, y el gobierno estadounidense inyectó directamente 2,81 billones de dólares en la crisis.

El PIB total de Corea del Sur es de unos 1,8 billones de dólares, y el PIB total de Francia, la séptima economía del mundo, es de unos 2,8 billones de dólares, por lo que el gobierno estadounidense inyectó más dinero que el PIB total de Francia en aquel momento.

Durante la CFG, el mercado de productos hipotecarios rondaba los 13,1 billones de dólares en 2007, y aunque no todos quebraron y perdieron dinero, los bancos de inversión que se divirtieron con MBS, CDO, etc. durante el boom inmobiliario fueron los que más sufrieron.

Habían contratado muchos CDS, un producto similar a los seguros, para cubrir el riesgo de los productos hipotecarios, pero no podían esperar que las aseguradoras insolventes les devolvieran el dinero.

Cuando las hipotecas subprime se echaron a perder, los bancos comerciales y New Century Financial, que eran los principales prestamistas y originadores de MBS, quebraron en primer lugar, y empresas como IndyMac, Fannie Mae y Freddie Mac, que principalmente agrupaban hipotecas y creaban valores denominados MBS, quebraron en segundo lugar a medida que los MBS se echaban a perder.

Además, bancos de inversión como Bear Stearns, Lehman Brothers y Merrill Lynch, que suministraban productos MBS para crear otros derivados como CDO y CMO y los vendían a los inversores, se declararon en quiebra debido al fracaso de los CDO y otros derivados.

AIG, la mayor aseguradora del mundo, se había forrado vendiendo CDS para protegerse de la quiebra de estos derivados, pero también se declaró en quiebra al verse inundada de solicitudes para cumplir contratos de CDS debido a la quiebra en cascada de MBS, CDO, CMO, etc.

Bernanke, entonces presidente de la Reserva Federal de Estados Unidos, era un experto en la Gran Depresión y en la economía japonesa, y un experto en flexibilización cuantitativa.

Creyendo que la receta para la crisis financiera mundial era la expansión monetaria, incluida la flexibilización cuantitativa, que inyecta dinero en los mercados, incluidas las instituciones financieras y las empresas, redujo el tipo de interés de referencia a casi cero, además de inyectar dinero público.

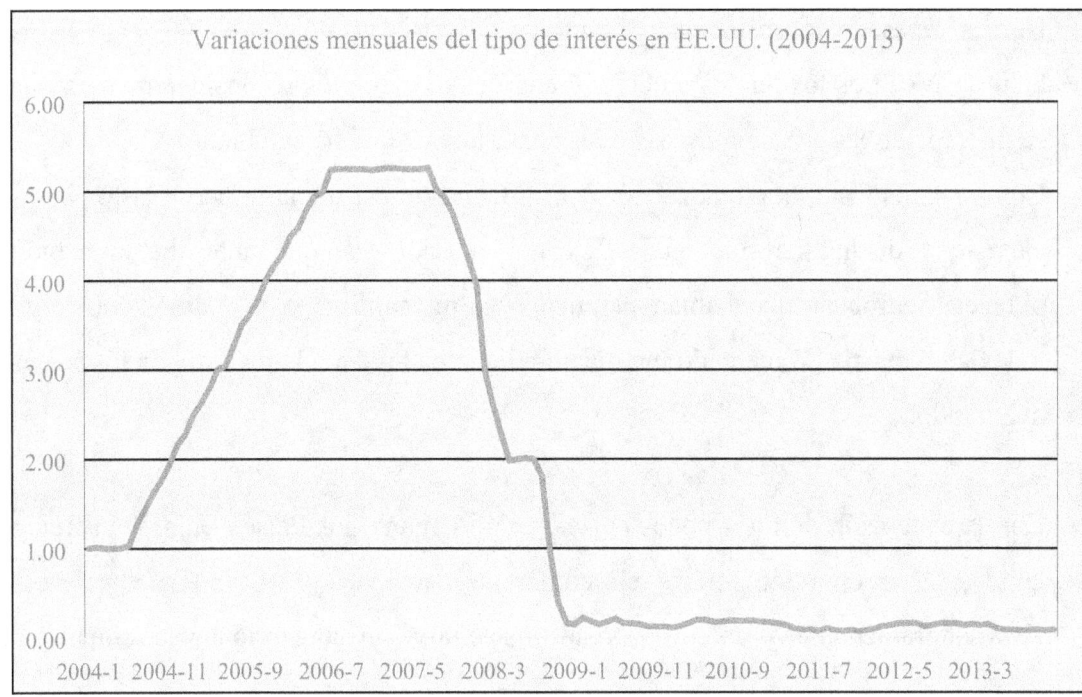

Variaciones mensuales del tipo de interés en EE.UU. (2004-2013)

A medida que se inyectaba dinero en el mercado a través de la relajación cuantitativa -la compra de valores del Tesoro en el mercado secundario-, así como de inyecciones de dinero público y recortes de los tipos de interés, se salvaron instituciones financieras y empresas que estaban al borde de la quiebra y la economía estadounidense comenzó a recuperarse.

Además, la crisis económica en Estados Unidos desencadenó la crisis fiscal en Grecia, que se extendió a otros países del sur de Europa, incluidos los llamados PIGS (Portugal, Italia, Grecia y España).

Para evitar la propagación de la crisis financiera mundial, Estados Unidos hizo hincapié en el sistema de coordinación económica mundial a través de comunidades económicas como el G20, y ayudó a cada país a prevenir las crisis de divisas mediante el suministro de dólares estadounidenses, como el acuerdo de canje de divisas por dólares estadounidenses.

8. Características y perspectivas de las crisis económicas modernas

Hemos repasado los principales ejemplos de crisis económicas a lo largo de la historia. Veamos los puntos en común entre estos ejemplos y consideremos en qué se diferencian las crisis modernas de las anteriores y qué ha cambiado.

Como hemos visto, la globalización y la sofisticación financiera fueron las palabras clave que distinguieron el siglo XX del anterior. Aunque antes había habido potencias europeas que habían practicado el mercantilismo y el libre comercio, todavía no existía un mercado internacional que incluyera a la mayoría de los países del mundo.

Con la excepción de unos pocos países, como España, los Países Bajos y el Reino Unido, la proporción entre el comercio nacional y el internacional era abrumadoramente favorable al mercado nacional, y el comercio internacional era escaso.

Dado que la oferta de dinero no era fluida debido al sistema del patrón oro o patrón plata que se utilizaba implícitamente como sistema monetario del país, resolver el exceso de demanda en la economía real era siempre un problema, y se mencionaba el comercio internacional como medida para ampliar la oferta y resolver este problema.

Por lo tanto, bajo el patrón oro, era poco probable que se produjera una crisis financiera debido a la escasez de oferta monetaria, y era poco probable que se produjera una crisis de divisas debido a las restricciones al comercio internacional y a los movimientos transfronterizos de capital.

La crisis económica de la época fue una crisis fiscal, un problema de los bonos emitidos por el Estado para financiar los gastos de guerra, en su mayoría debidos a las frecuentes guerras.

La crisis fiscal dio lugar a varias burbujas que estallaron como consecuencia de la excesiva transferencia de deuda pública a inversores privados. Sin embargo, la mayor tentación de los gobiernos para resolver la excesiva deuda pública es imprimir dinero utilizando sus ilimitadas imprentas.

Para ello, había que abolir el engorroso patrón oro, y hasta 1971, el patrón oro estuvo sobre la mesa y fuera de ella.

Debido a la cantidad limitada de oro, la oferta de dinero basada en las reservas de oro siempre ha sido limitada, y salvo por la afluencia de oro procedente de la colonización española de América Latina, el oro siempre ha sido escaso, limitando la oferta de moneda.

En una economía de mercado, siempre hay escasez de dinero y siempre hay escasez de bienes reales, por lo que tanto el mercado real como el monetario se encuentran en un estado de exceso de demanda. La ley de Say, que afirma que la oferta satisfará todas sus propias demandas, era una afirmación de las condiciones económicas del momento.

Este cierre al comercio internacional y a las transacciones de capital limitó el alcance de la crisis y contribuyó a mantenerla localizada.

Además, la intervención gubernamental, como la abolición del patrón oro, la emisión artificial de bonos del Estado y la impresión indiscriminada de dinero, era la causa de todos los problemas económicos.

Por lo tanto, se limitó el papel del gobierno y se le criticó por su intervención en el mercado.

Durante el apogeo de la colonización española, más del 80% del oro y la plata del mundo afluyeron a España, pero debido a sus numerosas guerras, sorprendentemente fue España la que declaró la primera moratoria nacional en el siglo XVI.

El gran suministro de oro y plata de sus colonias provocó la inflación, al igual que la expulsión de los judíos y la confiscación de sus bienes para sufragar el esfuerzo bélico.

Sin embargo, los gastos de guerra siempre eran insuficientes, por lo que pidieron préstamos a financieros europeos y emitieron diversos bonos del Estado, pero la presión de la deuda acumulada y los intereses fue lo suficientemente considerable como para declarar una moratoria.

Una vez defendido el mercantilismo tras la Era de las Exploraciones, se hizo hincapié en la importancia del comercio internacional y se reconoció el concepto de balanza de pagos.

Además, el sistema de finanzas empezó a funcionar en serio para gestionar el dinero, como el oro y la plata, procedente del excedente comercial.

En el siglo XIX, la economía capitalista, que siempre había sufrido un exceso de demanda y creía en la ley de Say, lo resolvió mediante la revolución industrial y creó una situación única de exceso de oferta.

Al extenderse el ferrocarril como medio de transporte, se crearon bancos privados para financiar la inversión masiva, y el sistema financiero comenzó a expandirse de las finanzas personales a las corporativas.

La palabra crédito se utiliza indistintamente en el mundo financiero con préstamos, créditos y el uso del apalancamiento.

Además, la emisión de monedas nacionales que apareció después del patrón oro también se basaba en el crédito, por lo que la expansión del crédito se utiliza para referirse a la expansión de la oferta monetaria.

Al aumentar las transacciones, se hizo necesario introducir una moneda conveniente en lugar de monedas inconvenientes como el oro y la plata, y al coincidir los intereses del gobierno, que quería emitir dinero basado en la confianza del gobierno, se empezaron a crear bancos centrales para la emisión de dinero.

Y a medida que aumentaba el número de bancos privados que intermediaban entre el banco central y el sector privado, el sistema de las finanzas comenzó a afianzarse. A medida que el crédito se expandía a través de las finanzas, mucha gente utilizaba el apalancamiento para realizar inversiones, y como la expansión monetaria provocaba inflación, algunos abogaban por un estricto patrón oro para limitar la inflación.

Sin embargo, la guerra es una situación urgente y exigente que suele ir acompañada de medidas que restringen la libertad, como la ley marcial. La necesidad de pagar la guerra mediante la abolición del patrón oro primó sobre la preocupación por la inflación.
La Primera Guerra Mundial marcó un hito en la era moderna y en la anterior.

A guerras anteriormente localizadas se unieron aliados y aliados, y países de Europa, Asia y América participaron todos en la guerra, y el comercio transfronterizo comenzó a florecer, y el capital comenzó a negociarse a través de un sistema financiero modernizado.

A diferencia del pasado, cuando las crisis económicas estaban localizadas, las guerras se extendieron por todo el mundo y las crisis económicas empezaron a propagarse rápidamente, al igual que la inflación. La globalización y la sofisticación financiera habían comenzado.

En Estados Unidos, donde el superávit en la balanza comercial internacional debido al suministro de material bélico trajo oro del extranjero y amplió la oferta de dinero, se produjo inflación debido al exceso de oferta de dinero en el mercado monetario. El dinero se invirtió en el mercado inmobiliario y bursátil, y el mercado se disparó.

El mercado financiero y el mercado real se interconectaron estrechamente a medida que el sistema financiero apoyaba al mercado real, y el mercado financiero y el mercado real se interconectaron estrechamente a medida que el sistema financiero apoyaba al mercado real.

Detrás de la propagación y el carácter prolongado de la nueva crisis económica de la Gran Depresión estaban las tendencias cambiantes de la globalización y la sofisticación financiera.

El precio de los bienes y servicios, y el precio del dinero, y por tanto los tipos de interés, se basan en los precios del mercado nacional, pero también se valoran más o menos según una norma internacional denominada tipo de cambio. El tipo de cambio es una variable que opera dentro del sistema de economía de mercado permitiendo al mercado autocorregirse y hacer converger los desequilibrios hacia el equilibrio.

Cuando se produce un superávit en la cuenta de capital a través de un superávit en la balanza comercial internacional o un aumento de los tipos de interés internos, aumenta la oferta de divisas, como los dólares que entran, lo que hace que disminuya el precio de las divisas y aumente el de la moneda local, produciéndose una apreciación.

En el caso contrario, un déficit comercial provoca una devaluación. Cuando cambia el valor de la moneda nacional, ésta tiene una función de autocorrección que provoca cambios en la balanza comercial o en la cuenta de capital a través de cambios en la competitividad de los precios y vuelve al equilibrio.

Sin embargo, en el pasado han existido restricciones y controles de precios sobre el comercio internacional y los movimientos de capital, como la introducción de aranceles protectores o cuotas, regulaciones de divisas y sistemas de divisas rígidos como el sistema de paridad, como el enfrentamiento entre mercantilismo y mercantilismo y proteccionismo y liberalismo, y estas regulaciones se han utilizado como medio para evitar la propagación de las crisis económicas.

En la ola de la globalización, se ha hecho imposible que los países sobrevivan a menos que abran sus puertas al mundo, y para recibir apoyo internacional, como la adhesión a organizaciones internacionales y la concesión de préstamos, no tienen más remedio que participar en el sistema de competencia del mercado mundial abriendo sus mercados de capitales, introduciendo el libre comercio y aboliendo las políticas de control de precios contrarias al mercado.

En el pasado, el sistema económico era rígido debido al patrón oro y a diversas políticas reguladoras, por lo que la frecuencia de las crisis económicas era baja y se tardaba tiempo en superarlas.

Sin embargo, en la era moderna, la globalización y la sofisticación financiera han acelerado la velocidad de propagación global y los efectos dominó.

Como la conectividad global también ha aumentado, los países se han visto afectados por crisis económicas en cada continente del mundo, y la frecuencia de las crisis económicas que afectan a sus países, ya sean grandes o pequeñas, ha aumentado, pero a menudo se superan en un periodo de tiempo relativamente corto debido a la cooperación entre países y a la elasticidad de los precios de mercado.

Sin embargo, el aumento de la conectividad debido a la globalización ha provocado un ciclo prolongado de crisis económicas, que incluye la propagación de crisis económicas y el desencadenamiento de otras crisis económicas.

Aunque sea difícil considerarlo una causa inherente, la propagación de crisis económicas externas mientras existen problemas internos suele hacer estallar burbujas o actuar como desencadenante de crisis.

Además, el desarrollo de la ingeniería financiera ha llevado a la elaboración de complejas técnicas de cobertura de diversos riesgos en los mercados financieros.

Estas técnicas distancian cada vez más a los inversores de los activos subyacentes y estratifican el proceso de causa y efecto, haciendo cada vez más difícil determinar el tamaño del mercado de productos relacionados, sus efectos indirectos y sus causas.

Es probable que continúe el desarrollo de instrumentos financieros más complejos y basados en datos, junto con los recientes avances en inteligencia artificial y ciencia y tecnología, y es difícil predecir qué crisis se manifestarán como efectos colaterales de esta sofisticación financiera.

Desde la Primera Guerra Mundial y la Gran Depresión, el ritmo de la globalización se ha acelerado y las técnicas financieras se han vuelto cada vez más sofisticadas. Como resultado, se espera que las crisis económicas sean cada vez más frecuentes. Al igual que es fácil obtener una receta para una enfermedad conocida, como un resfriado o un dolor de cuerpo, la receta para una crisis económica conocida puede identificarse fácilmente observando ejemplos pasados.

Sin embargo, al igual que las enfermedades que no se han vencido del todo o cuyas causas son difíciles de identificar, como el cáncer o el coronavirus, es probable que las crisis económicas que se producen cuando el sistema de economía de mercado falla o no puede seguir el ritmo de la globalización y la sofisticación financiera sean más difíciles de superar.

Antes del siglo XX, el exceso de demanda era una situación de sentido común, y el exceso de oferta era un acontecimiento especial que sólo se producía en casos excepcionales.

En el siglo XX, sin embargo, el exceso de oferta se convirtió en la norma, y la Gran Depresión golpeó al mundo.

Llevó tiempo encontrar una solución a esta nueva forma de crisis económica, y sólo después de los acontecimientos extremos y destructivos de la Segunda Guerra Mundial la Gran Depresión se curó del todo.

Nadie sabe lo que depara el futuro a la ciencia y la tecnología.

Colocar globos oculares a los ositos de peluche, uno de los trabajos secundarios más intensivos en mano de obra en los países atrasados hace 30-40 años, se sigue haciendo en Bangladesh y otras partes de Asia y África, pero con el auge de la tecnología de la Inteligencia Artificial, estas sencillas tareas repetitivas se están transformando en formas como el etiquetado de datos con Inteligencia Artificial.

Aunque en esencia no parezca haber mucha diferencia, las tareas informatizadas tienen la idea preconcebida de que requieren mucha tecnología y parecen lujosas para los no iniciados.

Tarde o temprano, la gente que pega globos oculares a ositos de peluche podrá ganar más dinero etiquetando datos de inteligencia artificial en ordenadores, y no se sabe cómo serán incluso las tareas repetitivas sencillas dentro de 10 años.

En este mundo cambiante, es difícil predecir qué tipo de finanzas surgirán en los próximos 10 años y qué tipo de productos especulativos se convertirán en un problema en el mundo real.

No sabemos si el actual orden financiero mundial basado en el patrón oro y el dólar se reorganizará en torno a otras monedas, o si se centrará en activos digitales como Bitcoin.

Si sistemas como las Finanzas Descentralizadas (DeFi) se generalizan, muchas instituciones financieras e intermediarios podrían desaparecer.

Además, debido a la complejidad de los sistemas basados en las tecnologías de la información, nuevas variables imprevistas, como las perturbaciones del mercado por piratas informáticos o la estabilidad de los sistemas informáticos, pueden desencadenar crisis económicas.

A medida que surgen nuevos tipos de crisis económicas de diferentes orígenes, ¿podrán los bancos centrales del mundo prevenirlas mediante métodos convencionales como la política monetaria y los programas de flexibilización cuantitativa que compran bonos del Estado en el mercado secundario?

Sin embargo, para sobrevivir es necesario seguir el ritmo del desarrollo de las nuevas tecnologías y prepararse para los riesgos que conllevan y cómo afrontarlos.

También es necesario estudiar y prepararse para las crisis económicas que se producirán de forma similar a las actuales, ya que es probable que ocurran ahora o en un futuro próximo.

# Concepto y origen de las finanzas

El concepto de finanzas ha evolucionado a lo largo del tiempo en sus acepciones clásica y moderna. En el sentido clásico, las finanzas se refieren a la gestión del dinero y los activos para generar rendimientos financieros.

Esto incluye la recaudación de dinero a través de inversiones de capital y préstamos para lograr objetivos específicos, como la financiación de un proyecto o la inversión en una empresa.

En el sentido moderno, las finanzas se han ampliado para abarcar una gama más amplia de actividades, como la planificación financiera, la gestión de riesgos y la ingeniería financiera.

La planificación financiera implica la creación de una estrategia financiera global, que incluye la planificación de la jubilación, la gestión de inversiones y la planificación fiscal. La gestión de riesgos consiste en identificar y evaluar los posibles riesgos financieros y desarrollar estrategias para cubrirlos y gestionarlos.

Un ejemplo concreto de finanzas es el mercado de valores, donde los inversores compran y venden acciones de empresas. Aquí, las empresas recaudan dinero vendiendo acciones, y los inversores pueden beneficiarse del aumento del precio de las acciones.

Otro ejemplo es un préstamo bancario, en el que un prestatario puede acceder a fondos para financiar un proyecto o una compra, pero debe pagar intereses junto con el principal.

Conceptos como presupuesto, ahorro e inversión también pueden aplicarse a las actividades financieras personales.

Por ejemplo, las personas crean un presupuesto para gestionar sus ingresos y gastos. También pueden ahorrar dinero para objetivos futuros, como la compra de una casa, e invertir en acciones o fondos de inversión para aumentar su patrimonio con el tiempo.

Las finanzas desempeñan un papel importante en la sociedad moderna al proporcionar a particulares, empresas y gobiernos las herramientas y recursos que necesitan para gestionar eficazmente sus finanzas.

Los orígenes de las finanzas se remontan a civilizaciones antiguas como Mesopotamia y Egipto. En estas sociedades primitivas, las finanzas desempeñaban un papel importante a la hora de facilitar el comercio y gestionar los recursos y la riqueza.

En una de las primeras civilizaciones, Mesopotamia, en Oriente Medio, las finanzas surgieron como un medio para facilitar el comercio.

Por ejemplo, los babilonios desarrollaron un sistema financiero de préstamos, créditos y garantías, así como contratos y pagarés, para ayudar a los comerciantes a financiar sus empresas y gestionar el riesgo.

Los antiguos babilonios tenían un sistema de préstamos y créditos avanzado para su época. Así lo demuestran varias tablillas cuneiformes halladas por arqueólogos en el actual Irak.

Una de las tablillas, conocida como los Documentos Murashu, revela detalles sobre el comportamiento financiero de los mercaderes babilonios. La familia Murashu era una destacada familia de mercaderes en la Babilonia del siglo V a.C., y estos documentos proporcionan un registro de cómo dirigían sus negocios.

Según estos documentos, la familia Murashu concedía préstamos a otros mercaderes y cobraba intereses por ellos. También utilizaban un contrato llamado "kudurru" para garantizar estos préstamos.

Un kudurru es un tipo de tablilla de arcilla antigua utilizada para registrar un acuerdo legal o contrato entre dos partes, y los kudurru se consideraban objetos sagrados que simbolizaban la presencia de un dios o diosa.

El kuduru resumía los términos del acuerdo, y ambas partes le añadían sus sellos o firmas, y luego se guardaba en un templo u otro lugar sagrado.

Al crear un kuduru, las partes implicadas invocaban el poder de los dioses para garantizar el cumplimiento del contrato. Violar los términos de un contrato kuduru se consideraba una ofensa grave contra los dioses y podía acarrear un castigo divino. El kuduru servía como contrato o pagaré en el sentido moderno.

Además de prestar, la familia Murashu también se dedicaba a una forma de negocio conocida como pardes, una empresa conjunta con otros mercaderes para financiar grandes expediciones comerciales u otras empresas.

Las finanzas babilónicas eran muy sofisticadas para su época, y los registros dejados por mercaderes como la familia Murashu nos dan una idea de este complejo sistema y de cómo se gestionaba.

En el antiguo Egipto, las finanzas desempeñaban un papel muy importante en la gestión de los recursos y la riqueza del país. Los faraones y otros gobernantes desarrollaron sistemas para financiar sus ejércitos, templos y obras públicas, así como sofisticados sistemas financieros que incluían préstamos, depósitos y garantías.

Los registros de las finanzas del antiguo Egipto se encuentran principalmente en rollos de papiro descubiertos por los arqueólogos. Estos documentos revelan cómo gestionaban los egipcios sus finanzas y las diversas herramientas que utilizaban para ello.

Una de las herramientas más importantes del antiguo sistema financiero egipcio era el shat. Los shats eran bonos del Estado que se vendían al sector privado para financiar proyectos públicos. Los shats prometían un tipo de interés fijo y se emitían en distintas denominaciones para hacerlos accesibles a un amplio abanico de inversores.

Otro instrumento financiero era el sistema bancario, llamado per-ankh. Per-ankh significa "casa de la vida" y era un banco que ofrecía diversos servicios financieros, como préstamos, depósitos y garantías. El per-ankh estaba asociado a los templos y era gestionado por los sacerdotes que trabajaban en ellos.

Además de estas herramientas, los antiguos egipcios desarrollaron sofisticados sistemas de contabilidad y registro.
Utilizaban jeroglíficos y símbolos taquigráficos para registrar las transacciones y llevaban un registro detallado de los impuestos, tributos y otras fuentes de ingresos.

Con el tiempo, las finanzas siguieron evolucionando y sofisticándose. Durante la Edad Media y el Renacimiento, los mercaderes y banqueros europeos desarrollaron nuevos instrumentos financieros para financiar el comercio.
Durante la Edad Media y el Renacimiento, los mercaderes y banqueros europeos desempeñaron un papel fundamental en la financiación del comercio a larga distancia.

Desarrollaron nuevos instrumentos y técnicas financieras para gestionar el riesgo, reunir capital y facilitar el comercio internacional.
Los bonos eran esencialmente préstamos de inversores a gobiernos, comerciantes u otras organizaciones. Los bonos prometían un tipo de interés fijo y se emitían por un periodo de tiempo determinado, tras el cual se devolvía el capital al inversor.

Los bonos servían a gobiernos y comerciantes para financiar proyectos, y eran una inversión atractiva para los particulares que buscaban una fuente estable de ingresos.

El desarrollo de los bonos en Europa está estrechamente ligado a la aparición del sistema bancario moderno.

En los siglos XIV y XV, los mercaderes y banqueros italianos empezaron a desarrollar nuevos instrumentos financieros, como las letras de cambio y los pagarés. Estos instrumentos financieros permitieron a los mercaderes financiar el comercio a larga distancia reduciendo los riesgos asociados al cambio de divisas y al transporte.

Los registros de este periodo revelan información sobre el desarrollo de los bonos y otros instrumentos financieros.

Por ejemplo, los registros del Banco de los Medici, uno de los bancos más importantes del Renacimiento, revelan cómo contribuían los bonos a la financiación de comerciantes y gobiernos, y cómo se utilizaban.

El Banco de los Medici se fundó en Florencia (Italia) en el siglo XIV y creció rápidamente. Desempeñó un papel importante en la financiación de las actividades del gobierno florentino y del papado, así como en la provisión de fondos a los mercaderes dedicados al comercio a larga distancia.

Los registros del Banco de los Medici contienen información sobre los bonos emitidos por el banco y sus tipos de interés, así como información sobre los diversos proyectos financiados a través de bonos, incluida la construcción de edificios públicos y la financiación militar.

El desarrollo de los bonos y otros instrumentos financieros durante la Edad Media y el Renacimiento desempeñó un papel importante en el crecimiento del comercio internacional.

El concepto de finanzas modernas surgió durante la Revolución Industrial, un periodo de rápidos cambios tecnológicos y económicos que comenzó a finales del siglo XVIII y continuó en el siglo XIX.

Uno de los principales factores que propiciaron el desarrollo de las finanzas modernas durante este periodo fue el desarrollo de la fabricación a gran escala. Cuando las grandes fábricas empezaron a sustituir a los pequeños talleres y a la producción artesanal, se necesitaron nuevas fuentes de capital para financiar la construcción de fábricas y la compra de maquinaria.

Esto condujo al desarrollo de nuevos instrumentos financieros, como los bonos privados y las acciones, que podían venderse a los inversores para reunir capital.

Otro factor en el desarrollo de las finanzas modernas durante este periodo fue el crecimiento de las infraestructuras de transporte. La expansión de los ferrocarriles y otros medios de transporte creó nuevas oportunidades para el comercio, pero también nuevos riesgos. Para gestionar estos riesgos, se desarrollaron nuevas formas de seguro y crédito, como el seguro marítimo y las cartas de crédito.

Los registros de este periodo contienen abundante información sobre el desarrollo de las finanzas modernas. Por ejemplo, los registros del Banco de Inglaterra, fundado en 1694 pero que desempeñó un papel fundamental en el desarrollo de las finanzas modernas durante la Revolución Industrial, revelan cómo evolucionaron las instituciones financieras durante este periodo.

Un ejemplo concreto de los registros del Banco de Inglaterra que demuestra el desarrollo de las finanzas durante la Revolución Industrial es el crecimiento de las sociedades anónimas. Las sociedades anónimas eran un nuevo tipo de organización empresarial que permitía a los inversores comprar y vender participaciones en la propiedad de una compañía, proporcionando a las empresas una forma de reunir grandes cantidades de capital.

Los bancos del Reino Unido desempeñaron un papel clave en el desarrollo de las sociedades anónimas al proporcionar un lugar seguro y fiable para que los inversores depositaran su dinero.
Esto contribuyó a generar confianza y fe en el sistema financiero y facilitó a las sociedades anónimas la obtención de capital mediante la venta de acciones.

El Banco de Inglaterra desempeñó un papel importante en la financiación de la Revolución Industrial concediendo préstamos a los fabricantes y emitiendo bonos del Estado para financiar proyectos de obras públicas.

El Banco también desempeñó un papel importante en el desarrollo del mercado de valores al proporcionar liquidez y estabilidad al mercado. El desarrollo de las finanzas modernas durante la Revolución Industrial sentó las bases para el crecimiento de la industria financiera.

En general, el concepto de finanzas ha evolucionado desde la financiación en sentido clásico hasta incluir una amplia gama de actividades y servicios que son fundamentales para el funcionamiento de las economías modernas. Además, el rápido ritmo de la innovación tecnológica ha propiciado la aparición de nuevos productos, estrategias y sistemas financieros que han modificado el funcionamiento de los mercados financieros.

En los últimos años, a medida que las instituciones financieras han ido creciendo y se han interconectado, la complejidad de las finanzas también ha aumentado, incrementando el riesgo de fallo sistémico y de perturbación del mercado.

Además, ha aumentado el uso del apalancamiento y los derivados, lo que hace que el sistema financiero sea más difícil de entender y gestionar.

Los avances en la potencia informática y la analítica de datos han llevado al desarrollo de sofisticados algoritmos y modelos cuantitativos que permiten a los profesionales financieros analizar grandes cantidades de datos y tomar decisiones de inversión mejor informadas, mientras que el auge de la tecnología blockchain y las criptomonedas han abierto nuevas vías para las transacciones financieras y las oportunidades de inversión.

El creciente uso del análisis de datos y la inteligencia artificial para las decisiones de inversión y la gestión de riesgos continuará, y el crecimiento de las finanzas descentralizadas (DeFi) y otros sistemas financieros basados en blockchain pueden desintermediar aún más la industria financiera.

Las finanzas descentralizadas (DeFi) son un sistema financiero construido sobre redes blockchain, como Ethereum, que permite transacciones entre pares sin intermediarios como bancos u otras instituciones financieras. En un sistema financiero descentralizado, las transacciones financieras se ejecutan mediante contratos inteligentes, que son programas autoejecutables que ejecutan automáticamente las transacciones en función de condiciones predeterminadas.

En el sistema financiero tradicional, los intermediarios desempeñan un papel importante a la hora de facilitar las transacciones entre las partes. Los bancos actuaban como intermediarios entre prestatarios y prestamistas, ejecutando transacciones monetarias y gestionando los riesgos asociados.

En las finanzas descentralizadas (DeFi), sin embargo, los intermediarios pueden ser sustituidos por código programático, ya que las transacciones financieras se ejecutan automáticamente a través de contratos inteligentes impulsados por la tecnología blockchain. Esto tiene el potencial de eliminar muchos pasos intermedios de la industria financiera, haciendo que las transacciones sean más rápidas, baratas y eficientes.

Por ejemplo, en el sistema financiero tradicional, un prestatario puede necesitar varios intermediarios para obtener un préstamo, como un banco, una oficina de crédito y un administrador de préstamos, pero en un sistema DeFi, un prestatario puede obtener un préstamo directamente de un prestamista a través de un contrato inteligente sin intermediarios.

El crecimiento de DeFi y otros sistemas financieros basados en blockchain podría conducir a mayores niveles de desintermediación en el sector financiero, a medida que las transacciones financieras se automatizan y se ejecutan directamente entre las partes.

Sin embargo, a medida que el sistema financiero se vuelva más complejo, también será más importante que los sistemas de regulación y supervisión sigan el ritmo de estos cambios y proporcionen una supervisión adecuada para prevenir el riesgo sistémico.

# Creación y desarrollo de bancos

El primer banco moderno es generalmente reconocido como el Banco de Venecia, fundado en 1157 en Venecia, Italia.

Se desconoce quién fundó el Banco de Venecia, pero se cree que fue creado por ricos mercaderes y banqueros venecianos.

Su objetivo original era proporcionar un lugar seguro a los mercaderes para depositar dinero y hacer negocios, y proporcionar crédito para financiar el comercio.

Proporcionar crédito es poner el capital de un acreedor a disposición de un deudor durante un periodo de tiempo basado en la solvencia del deudor, que es una definición de crédito más amplia que la utilizada por las instituciones financieras, incluyendo préstamos, garantías de pago, descuento de papel comercial y arrendamiento financiero.

El banco estaba situado en el mercado central de Venecia, la plaza de Rialto, lo que le facilitaba el acceso a comerciantes de todo el mundo.

También estaba estratégicamente situado cerca del puerto principal de la ciudad y de las vías fluviales, por lo que podía desempeñar un papel importante en la facilitación del comercio.

Con el tiempo, el Banco de Venecia se hizo cada vez más influyente y desempeñó un papel importante en los asuntos económicos y políticos de la ciudad.

Proporcionaba préstamos y créditos al gobierno veneciano y desempeñaba un papel fundamental en la financiación de las guerras y otras campañas militares de la ciudad.

La influencia del Banco de Venecia se extendió mucho más allá de Venecia e Italia. El banco ayudó a impulsar el crecimiento económico y el desarrollo de Venecia. El banco atrajo a mercaderes y comerciantes de todo el mundo, convirtiendo la ciudad en un importante centro financiero.

El Banco de Venecia también sirvió de modelo para otros bancos e instituciones financieras de Europa, ayudando a construir el sistema bancario moderno que existe hoy en día.

Su legado puede apreciarse en la continua importancia de las finanzas y la banca en la economía mundial, así como en el desarrollo de las costumbres e instituciones bancarias en toda Europa y el mundo.

No fue hasta el siglo XVII cuando empezaron a surgir los bancos como instituciones para la seguridad del dinero y la facilitación del comercio, y se considera que el primer banco moderno fue el Banco de Ámsterdam, fundado en 1609.

La creación de un banco en la ciudad obedeció a varios factores, entre ellos la necesidad de un medio estable para financiar el comercio, el deseo de promover el crecimiento económico y el desarrollo de la ciudad, y la necesidad de una moneda estable y fiable.

El fundador del Banco de Ámsterdam fue la ciudad de Ámsterdam, que estableció el banco como una institución pública. Su objetivo original era ofrecer a los comerciantes un lugar seguro y fiable donde depositar su dinero y hacer negocios.

El banco también desempeñó un papel importante en la promoción del crecimiento económico y el desarrollo de la ciudad, financiando grandes proyectos de infraestructuras y apoyando a nuevas industrias y empresas.

Una de las principales características del Banco de Ámsterdam era el uso de una moneda estable y fiable conocida como florín bancario.

Esta moneda se emitía en función de la cantidad de oro y plata que poseía el banco, lo que contribuía a garantizar su estabilidad y fiabilidad. El banco también concedía créditos para financiar el comercio y apoyar proyectos gubernamentales.

Con el tiempo, el Banco de Ámsterdam se hizo cada vez más poderoso e influyente, desempeñando un papel importante en los asuntos económicos y políticos de la ciudad.

Esto ayudó a establecer Ámsterdam como un importante centro financiero, atrayendo a mercaderes y comerciantes de todo el mundo.

La reputación de estabilidad y fiabilidad del banco también contribuyó a establecer el florín holandés como una de las monedas más fiables y utilizadas de Europa.

El desarrollo del banco ayudó a impulsar el crecimiento económico y el desarrollo de Ámsterdam y a establecerla como un importante centro financiero. También ayudó a establecer un sistema bancario moderno centrado en la estabilidad y el uso de una moneda fiable.

En la actualidad, el Banco de Ámsterdam ya no opera, tras haberse fusionado con otros bancos holandeses a finales del siglo XX.

Sin embargo, el legado del banco puede verse en el desarrollo de prácticas e instituciones bancarias modernas.

Tras la fundación del Banco de Ámsterdam a principios del siglo XVII, en 1694 se creó el Banco de Inglaterra en respuesta a la crisis financiera y la inestabilidad que asolaron Inglaterra a finales del siglo XVII.

Antes de su creación, Inglaterra carecía de banco central o autoridad monetaria, lo que dificultaba la gestión de las finanzas del país y el mantenimiento de una moneda estable.

El Banco de Inglaterra fue fundado por un grupo de ricos comerciantes y banqueros encabezados por William Patterson, quien propuso la creación de un banco nacional para ayudar a estabilizar las finanzas del país y proporcionar una moneda fiable.

En 1694, Guillermo III concedió al banco una carta real que le autorizaba a emitir billetes, conceder préstamos al gobierno y regular la oferta monetaria.

Una de las principales características del Banco de Inglaterra era su capacidad para conceder préstamos al gobierno, lo que ayudaba a sufragar las guerras y otros gastos de Gran Bretaña.

Esto daba al banco una influencia considerable sobre el gobierno, así como sobre la economía y el sistema financiero del país.

A medida que crecía la influencia del Banco de Inglaterra, Londres se convirtió en uno de los principales centros financieros del mundo, atrayendo a mercaderes y comerciantes de todo el planeta.

Fundado en 1694, el Banco de Inglaterra comenzó siendo un banco privado, pero como banco de la Corona, también actuaba como banco central.

En 1844, la Ley del Banco de Inglaterra le concedió el derecho exclusivo de emitir dinero en Inglaterra y Gales, y en 1946 fue nacionalizado y reconocido oficialmente como banco central.

En la actualidad, el Banco de Inglaterra sigue siendo la institución central del sistema financiero del Reino Unido, responsable de gestionar la política monetaria del país y de garantizar la estabilidad y credibilidad de su moneda.

Desde el siglo XVIII, muchos países han creado bancos para financiar sus economías en crecimiento y apoyar el comercio internacional.

Estos bancos fueron fundados a menudo por gobiernos o personas adineradas, y su principal objetivo era conceder préstamos y créditos a empresas y particulares.

Un avance importante en la banca durante esta época fue el auge de las sociedades anónimas, que permitían a los inversores reunir su capital y participar en los beneficios y las pérdidas de la empresa. Este modelo de beneficios ayudó a crear bancos más grandes y estables, así como a estimular una mayor inversión y crecimiento económico.

En Europa, muchos países crearon sus bancos nacionales durante los siglos XVIII y XIX.

El Banco de Francia se fundó en 1800 para ayudar a financiar las guerras napoleónicas y apoyar el crecimiento económico. Del mismo modo, el Deutsche Bank se fundó en 1957 para ayudar a estabilizar la economía alemana tras la Segunda Guerra Mundial.

Financiaron el crecimiento económico y el desarrollo, facilitaron el comercio internacional y ayudaron a crear estabilidad y confianza en la moneda. Además de los bancos nacionales, en los siglos XVIII y XIX surgieron también bancos privados fundados por personas adineradas.

Estos bancos desempeñaron un papel importante en la financiación de la industrialización y otros desarrollos económicos, así como en el fomento de una mayor inversión e innovación.

Estos bancos privados europeos, fundados en los siglos XVIII y XIX, tienen una larga y rica historia. He aquí algunos ejemplos concretos de bancos privados fundados en Europa en los siglos XVIII y XIX que siguen siendo famosos hoy en día.

Rothschild & Co

Mayer Amschel Rothschild fundó su banco en Fráncfort (Alemania) en 1798. Tuvo cinco hijos, que más tarde establecieron sucursales en Londres, París, Viena, Nápoles y Fráncfort.

La sucursal londinense, fundada por Nathan Mayer Rothschild en Londres en 1811, se convirtió en la base de la actual Rothschild & Co. Nathan Mayer Rothschild era el tercer hijo de Mayer Amchell Rothschild.

Rothschild & Co. se centró inicialmente en prestar servicios bancarios y financieros a la aristocracia y realeza europeas, pero con los años se expandió a otros países europeos, como Francia, Austria e Inglaterra.

El banco desempeñó un papel clave en la financiación de grandes proyectos de infraestructuras, como la construcción de ferrocarriles y canales.

A finales del siglo XIX y principios del XX, Rothschild & Co estaba presente en muchas partes del mundo, incluidos Estados Unidos y Sudamérica. El banco siguió prestando servicios financieros a particulares adinerados, así como a gobiernos y empresas.

En el siglo XX, Rothschild & Co. se diversificó más allá de la banca y las finanzas tradicionales. Creó una división de banca comercial y se expandió hacia la gestión de activos, el capital riesgo y otros servicios financieros.

En la actualidad, Rothschild & Co. es una de las principales empresas mundiales de servicios financieros, que presta una amplia gama de servicios a gobiernos, empresas y particulares acaudalados. El banco opera en más de 40 países y es reconocido por su experiencia en fusiones y adquisiciones, financiación de deuda y capital y gestión de activos.

BNP Paribas (BNP)

BNP Paribas se fundó en 1822 como Banque Nationale de Paris (BNP) en respuesta a la necesidad de un banco estatal para financiar el crecimiento de la economía francesa.

Inicialmente centrado en la prestación de servicios bancarios a empresas y particulares en Francia, a finales del siglo XIX y principios del XX BNP se expandió más allá de Francia a otras partes de Europa, como Bélgica, Italia y España, y a otras partes del mundo, como África y Asia.

En 1999, BNP se fusionó con el banco de inversión francés Paribas. Esta fusión creó BNP Paribas, uno de los mayores bancos de Europa.

En el siglo XXI, BNP Paribas se diversificó más allá de la banca y las finanzas tradicionales. Creó una división de gestión de patrimonios y se expandió a la gestión de activos, seguros y otros servicios financieros.

En los últimos años, BNP Paribas se ha centrado en la sostenibilidad y la responsabilidad corporativa.

El banco participa en diversas actividades para promover el desarrollo sostenible, incluida la financiación de proyectos de energías renovables y el apoyo a cuestiones sociales y medioambientales.

Coots & Co

Coots & Co se fundó en Londres en 1670 como orfebre y platero.

La empresa empezó a ofrecer servicios bancarios a clientes adinerados en el siglo XVIII, y con el tiempo llegó a ser conocida como un banco privado de primer orden.

En el siglo XX, Kutz & Co empezó a ampliar sus servicios más allá de la banca tradicional para incluir la gestión de patrimonios y los servicios de inversión. El banco se forjó una reputación de servicio personalizado y discreción para satisfacer las necesidades de personas y familias adineradas.

En 1996, Coates & Co se fusionó con National Westminster Bank (NatWest), uno de los principales bancos del Reino Unido.

Sin embargo, en 2010, Coates & Co fue adquirido por el banco español Banco Santander.

A pesar de los cambios en la propiedad y en el sector bancario en su conjunto, Coates & Co ha seguido centrándose en ofrecer un servicio personalizado a sus clientes.

El banco ha mantenido su reputación como banco privado de primera categoría que atiende las necesidades de particulares y familias con grandes patrimonios.

Credit Suisse

Credit Suisse es un banco suizo fundado en 1856. Comenzó como una sociedad entre Alfred Escher y otros inversores.

El banco comenzó como prestamista local para financiar la expansión de la red ferroviaria suiza, pero rápidamente creció hasta convertirse en uno de los mayores bancos de Suiza.

A principios del siglo XX, Credit Suisse comenzó a expandirse en los mercados internacionales, abriendo sucursales en Londres, Nueva York y otros importantes centros financieros.

El banco ofrecía una amplia gama de servicios a clientes corporativos e institucionales y se estableció como líder del sector bancario mundial.

En la década de 1990, Credit Suisse empezó a diversificar sus servicios, ampliándolos a la banca de inversión, la gestión de patrimonios y la gestión de activos.

El banco adquirió varias instituciones financieras, entre ellas el banco de inversión First Boston y el banco privado suizo Clariden Leu.

Como muchos otros bancos, Credit Suisse se enfrentó a importantes retos durante la crisis financiera mundial de 2008-2009.

El banco capeó la crisis reduciendo su exposición a activos de riesgo y centrándose en sus puntos fuertes en banca de inversión y gestión de patrimonios.

En la actualidad, Credit Suisse es uno de los mayores bancos del mundo, con operaciones en más de 50 países y más de 45.000 empleados.

Sin embargo, fue incapaz de superar las secuelas de las grandes pérdidas sufridas en sus inversiones en 2021 y fue adquirido por UBS en 2023, poniendo fin a sus casi 170 años de historia.

Union Bank of Switzerland (UBS)
UBS se formó en 1998 mediante la fusión del Union Bank of Switzerland (UBS), fundado en 1862, y la Swiss Bank Corporation (SBC), fundada en 1872.

El Union Bank of Switzerland (UBS) se formó en 1862 mediante la fusión de dos bancos existentes, el Winterthur Bank y el Toggenburger Bank. El Banco Winterthur fue fundado en 1860 por el empresario suizo Georg Fischer y el psiquiatra y economista suizo Ludwig Binswanger.

El Banco Toggenburger fue fundado en 1861 por el banquero y político suizo Johann Jakob Ritter.
El Banco Suizo fue fundado en 1872 por el político, empresario y pionero ferroviario suizo Alfred Escher.

Escher fue una figura clave en el desarrollo de las infraestructuras de Suiza en el siglo XIX, incluida la construcción del túnel ferroviario del Gotardo, y vio la necesidad de un banco privado suizo para financiar estos proyectos y apoyar el crecimiento económico del país.

El banco suizo ha crecido hasta convertirse en uno de los mayores bancos de Suiza, centrado en la banca de inversión y las finanzas globales.

La fusión de UBS y SBC creó uno de los mayores bancos del mundo centrado en la banca de inversión y la gestión de patrimonios.

El nuevo banco se denominó UBS AG (Union Bank of Switzerland Aktiengesellschaft) y tuvo su sede en Zúrich (Suiza). Hoy en día, UBS es una empresa global de servicios financieros que opera en más de 50 países y es uno de los mayores bancos del mundo.

El primer banco nacional de Estados Unidos fue creado por el Congreso en 1791 bajo la dirección del primer Secretario del Tesoro, Alexander Hamilton. El objetivo del banco era financiar al nuevo gobierno y promover el crecimiento económico y la estabilidad.

La principal controversia en torno al banco era si el gobierno federal tenía autoridad para crearlo.

Los opositores, encabezados por Thomas Jefferson y James Madison, argumentaban que la Constitución no otorgaba al Congreso el poder de establecer un banco central.

Creían que el gobierno federal otorgaría al banco demasiado poder y amenazaría la soberanía de los estados.

Los partidarios del banco, liderados por Alexander Hamilton, argumentaban que la Constitución sí otorgaba al Congreso el poder de crear un banco.

Creían que el banco ayudaría a estabilizar la economía, gestionar las finanzas públicas y proporcionar una moneda estable. A pesar de esta oposición, el Banco

Nacional se creó y funcionó durante 20 años. Sin embargo, en 1811 expiró su estatuto y fue disuelto.

Con el objetivo de estabilizar las finanzas de la nación y apoyar el crecimiento económico, el Segundo Banco de los Estados Unidos se creó en 1816 y desempeñó un papel importante en el apoyo a la expansión hacia el oeste y el crecimiento de la industrialización.

Esta vez, debido a presiones políticas y desacuerdos sobre la finalidad y el poder del banco, éste acabó disolviéndose en 1836.

Durante el resto del siglo XIX y principios del XX, surgieron muchos bancos privados como actores importantes de la economía estadounidense, siendo uno de los más famosos J.P. Morgan & Co, fundado por el financiero J.P. Morgan.

A finales del siglo XIX, el banco de Morgan desempeñó un papel importante en la financiación de la industrialización y el apoyo al crecimiento económico, convirtiéndose en una de las instituciones financieras más poderosas de Estados Unidos.

Ha habido varios grandes bancos privados en Estados Unidos desde el siglo XVIII, y he aquí algunos ejemplos de ellos.

JPMorgan Chase (JPMorgan Chase)
JPMorgan Chase es uno de los mayores bancos del mundo, con más de 3 billones de dólares en activos. JP Morgan se formó en 2000 mediante la fusión de JP Morgan & Co. y Chase Manhattan Corporation.

Chase Manhattan Bank fue fundado en 1799 por Aaron Burr, entonces Vicepresidente de los Estados Unidos, y un grupo de inversores. El nombre original del banco era Manhattan Company.
Aaron Burr fundó la empresa con el objetivo principal de suministrar agua potable segura y fiable a la creciente ciudad de Nueva York, pero rápidamente se expandió a los servicios bancarios, y a mediados del siglo XIX era uno de los bancos más grandes y prominentes de Estados Unidos.

The Manhattan Company se fusionó con Manhattan Company Bank en 1955 para convertirse en Chase Manhattan Bank.
JP Morgan & Co. fue fundada en 1871 por el destacado financiero y banquero estadounidense John Pierpont Morgan, que ya se había hecho un nombre en el mundo financiero asesorando y financiando a algunas de las mayores industrias de la época, como ferrocarriles y empresas siderúrgicas.

J.P. Morgan & Co. se convirtió rápidamente en una de las firmas bancarias y de inversión más poderosas e influyentes del mundo, desempeñando un papel clave en la financiación del crecimiento de la economía estadounidense a finales del siglo XIX y principios del XX.

La empresa participó en numerosas transacciones de alto perfil, incluida la financiación de la U.S. Steel Company, la mayor corporación del mundo en aquella época.

John Pierpont Morgan era conocido por su capacidad para utilizar su amplia red de contactos para reunir a inversores y empresas con el fin de realizar operaciones y transacciones a gran escala. También fue una figura clave en la creación del Banco de la Reserva Federal en 1913, que se estableció para regular el sistema bancario estadounidense.

JP Morgan & Co. siguió creciendo y expandiéndose, convirtiéndose en uno de los principales actores del sector de los servicios financieros mundiales. La empresa participó en varias fusiones y adquisiciones importantes, incluida la compra en 1959 de Guaranty Trust Company, que creó el mayor banco del mundo en aquel momento.

En 2000, la empresa se fusionó con Chase Manhattan Corporation para formar JPMorgan Chase & Co. hoy, una de las mayores empresas de servicios financieros del mundo.

La fusión de Chase Manhattan Bank y JP Morgan & Co. fue la mayor fusión bancaria de la historia en aquel momento.

La fusión aprovechó los puntos fuertes de ambas empresas, incluida la banca minorista de Chase Manhattan y las capacidades de banca de inversión de JPMorgan, para ofrecer una gama más completa de productos y servicios financieros.

Goldman Sachs

Goldman Sachs fue fundada en 1869 por los inmigrantes alemanes Marcus Goldman y su yerno Samuel Sachs.

Inicialmente operaba un pequeño negocio de papel comercial en Nueva York, pero pronto comenzó a expandirse a otras áreas de las finanzas, incluida la banca de inversión y la gestión de patrimonios.

A principios del siglo XX, Goldman Sachs se convirtió en uno de los principales suscriptores de valores de Estados Unidos y desempeñó un papel clave en la financiación del crecimiento de grandes empresas industriales como Sears, Roebuck & Co. y Ford Motor Company.

En las décadas de 1930 y 1940, Goldman Sachs se convirtió en uno de los principales actores de las finanzas corporativas, centrándose en las fusiones y adquisiciones, financiando la formación de varias empresas importantes, como IBM y GE.

En las décadas de 1970 y 1980, Goldman Sachs se expandió internacionalmente, abriendo oficinas en Londres, Tokio y otros importantes centros financieros de todo el mundo. También amplió su oferta de productos creando sus propias divisiones de capital riesgo y gestión de activos.

En la década de 1990, Goldman Sachs fue reconocido por su experiencia en inversiones relacionadas con la tecnología e Internet, desempeñando un papel clave en el auge de las puntocom de finales de los noventa.

También era conocido por su habilidad para navegar en mercados volátiles, ganándose la reputación de ser uno de los bancos de inversión más exitosos y rentables del mundo.

Desde entonces, Goldman Sachs ha seguido evolucionando y adaptándose a las cambiantes condiciones del mercado. Superó la crisis financiera mundial de 2008 para emerger como una de las instituciones financieras más sólidas y estables del mundo.

Morgan Stanley

Morgan Stanley se fundó en 1935 cuando Henry S. Morgan y Harold Stanley abandonaron J.P. Morgan para crear un banco de inversión. En el momento de su fundación, estaba en vigor en Estados Unidos la Ley Glass-Steagall, que distinguía entre banca comercial y banca de inversión.

La Ley Glass-Steagall separaba estrictamente la banca comercial de la de inversión, por lo que JPMorgan se fundó como banco comercial y Morgan Stanley como banco de inversión.

Morgan Stanley se centró inicialmente en la negociación y suscripción de valores, y rápidamente se convirtió en uno de los principales actores de la industria mundial de servicios financieros. En las décadas de 1950 y 1960, la empresa se expandió a una amplia gama de servicios de banca de inversión y finanzas corporativas, incluidas fusiones y adquisiciones, ofertas de valores y otros servicios de asesoramiento estratégico.

En la década de 1970, Morgan Stanley se convirtió en la primera empresa de Wall Street en entrar en Europa, abriendo oficinas en Londres y otros importantes centros financieros.

En la década de 1980, Morgan Stanley desempeñó un papel fundamental en el auge de las fusiones y adquisiciones de la época, asesorando en varias operaciones de gran repercusión, incluida la compra apalancada de RJR Nabisco.

También se convirtió en un actor importante en los mercados emergentes, estableciendo una presencia en Asia y otros lugares.

Desde entonces, Morgan Stanley ha seguido evolucionando y adaptándose a las cambiantes condiciones del mercado. Superó la crisis financiera mundial de 2008 para emerger como una de las instituciones financieras más sólidas y estables del mundo.

Citigroup

Citigroup es una multinacional de servicios financieros que ofrece una amplia gama de servicios bancarios, de inversión y de seguros a clientes de todo el mundo.

La empresa se constituyó en 1998 mediante la fusión de Citicorp y Travelers Group, y actualmente es uno de los mayores bancos del mundo, con más de 2 billones de dólares en activos. Citigroup tiene una historia larga y compleja, habiendo sufrido varias fusiones y adquisiciones a lo largo de los años.

Citicorp se fundó en 1812 con el nombre de Bank of the City of New York y se convirtió en uno de los mayores bancos de Estados Unidos. El banco pasó a llamarse Citibank en 1976 y ahora es la rama de banca minorista de Citigroup.

El Grupo Travelers se fundó en 1864 como compañía de seguros. Con los años, se expandió a otros servicios financieros, como la banca de inversión y la gestión de patrimonios.

En 1997, el Grupo Travelers adquirió Salomon Brothers, una empresa líder en banca de inversión y comercio.

En 1998, Citicorp y Travelers Group anunciaron su fusión, creando Citigroup, una de las mayores empresas de servicios financieros del mundo.

La fusión fue controvertida en su momento porque suponía combinar un banco comercial y una compañía de seguros, lo que no estaba permitido por la normativa vigente.

Tras la fusión, Citigroup siguió ampliando sus líneas de negocio y su alcance geográfico.

Adquirió varias empresas de servicios financieros, entre ellas el banco de inversiones Smith Barney y la empresa de tarjetas de crédito Associates First Capital.

Citigroup se vio gravemente afectado por la crisis financiera de 2008, que provocó pérdidas masivas y la intervención del Gobierno.

En los años siguientes, la empresa pasó por una serie de reestructuraciones y desinversiones para centrarse en su negocio principal y mejorar sus resultados financieros.

En la actualidad, Citigroup es una de las mayores empresas de servicios financieros del mundo, opera en más de 160 países y ofrece una amplia gama de servicios financieros, como banca minorista y comercial, banca de inversión, gestión de patrimonios y seguros.

A principios del siglo XX, se crearon muchos bancos nacionales importantes para proporcionar un sistema monetario estable y flexible a Estados Unidos, incluida la Reserva Federal, creada en 1913.

La Reserva Federal ha desempeñado un papel clave en la estabilización de la economía estadounidense en tiempos de crisis y en la promoción del crecimiento económico y la estabilidad.

Después de la Segunda Guerra Mundial, grandes bancos como el Citibank y el Chase Manhattan Bank surgieron como actores principales del sistema financiero mundial.

Desempeñaron un importante papel en la financiación del comercio y la inversión internacionales y ayudaron a construir el moderno sistema financiero mundial.

En las últimas décadas, el sistema bancario estadounidense ha experimentado cambios significativos debido a la consolidación de muchos bancos pequeños en instituciones más grandes y al auge de nuevas tecnologías como la banca en línea y los pagos por móvil.

La creación de los principales bancos nacionales y privados de Estados Unidos ha tenido un impacto significativo en la economía nacional y en el sistema financiero mundial, ayudando a promover el crecimiento y la estabilidad y apoyando el comercio y la inversión internacionales.

# FRB, (Banco de la Reserva Federal)

El Banco de la Reserva Federal de Estados Unidos (FRB) es el banco central de Estados Unidos. El Sistema de la Reserva Federal se denomina Federal Reserve System (FRS), a veces abreviado como Fed. Aunque el término Fed se refiere al Sistema de la Reserva Federal, a menudo se refiere al órgano de toma de decisiones, la Junta de Gobernadores del Sistema de la Reserva Federal, ya que se refiere a los programas implementados por la Junta de Gobernadores.

El Sistema de la Reserva Federal se conoce comúnmente como un sistema triple: los 12 Bancos regionales de la Reserva Federal, el Banco central de la Reserva Federal en Washington, D.C., y el Consejo de la Reserva Federal, el órgano decisorio, y el Comité Federal de Mercado Abierto (FOMC), que se reúne ocho veces al año para debatir y determinar la política monetaria y financiera a corto plazo.

La Fed se fundó en 1913 en respuesta a un pánico financiero y a la necesidad de un sistema bancario más estable. Desde entonces, la Fed ha desempeñado un papel importante en la economía y el sistema financiero de Estados Unidos, así como en la economía mundial. El Sistema de la Reserva Federal fue establecido por la Ley de la Reserva Federal, firmada por el Presidente Woodrow Wilson.

La ley creó un sistema de 12 bancos regionales de la Reserva Federal, cada uno con su propia junta de gobernadores y un Banco de la Reserva Federal en Washington, D.C. La junta de gobernadores está compuesta por siete directores bajo un presidente.

La Junta de Gobernadores está compuesta por un presidente y siete miembros, nombrados por el presidente y confirmados por el Senado.

El presidente nombra al presidente y al vicepresidente de entre los consejeros.

El mandato de los consejeros es de 14 años, y el del presidente y el vicepresidente es de cuatro años.

El Presidente de la Reserva Federal es nombrado por el Presidente, pero ejerce la autoridad de la política monetaria, incluida la fijación de los tipos de interés, con total independencia.

A menudo se hace referencia al Presidente de la Reserva Federal como el Presidente de la Economía Mundial y tiene una fuerte influencia global en la política financiera.

Aunque las principales funciones del Consejo son regular las condiciones crediticias y supervisar los Bancos de la Reserva Federal, también establece la política monetaria y financiera a corto plazo a través del Comité Federal de Mercado Abierto (FOMC), que se reúne ocho veces al año en los meses impares (enero, marzo, mayo, julio, septiembre y noviembre) y en junio y diciembre.

El FOMC tiene un total de 19 miembros, 12 de los cuales tienen derecho a voto. Los siete miembros de la Junta de Gobernadores del Sistema de la Reserva Federal, el Presidente del Banco de la Reserva Federal de Nueva York y cuatro de los presidentes de los bancos regionales de la Reserva Federal desempeñan sus funciones por rotación y tienen derecho de voto.

Los otros siete presidentes de bancos regionales de la Reserva Federal que no han sido nombrados miembros pueden asistir a las reuniones como miembros sin derecho a voto del FOMC.

Dado que todos los miembros del Sistema de la Reserva Federal son miembros con derecho a voto del FOMC, a menudo se confunde la Fed con la política o la dirección que decide el FOMC, pero se puede afirmar que las decisiones del FOMC son las decisiones de la Fed porque cuenta con la mayoría de los votos.

En concreto, ocho veces al año, el FOMC publica ante los medios de comunicación una declaración posterior a la reunión sobre el principal tipo de interés, un gráfico de puntos (publicado en las reuniones de marzo, junio, septiembre y diciembre) que agrega las proyecciones de los 19 miembros del FOMC sobre los futuros tipos de interés, y una conferencia de prensa con una sesión de preguntas y respuestas con el Presidente de la Reserva Federal.

Además de revelar el tipo de interés de referencia actual, el gráfico de puntos muestra los límites superior e inferior de los tipos de interés futuros y la dirección de la política en la conferencia de prensa del Presidente de la Reserva Federal, que tiene un impacto significativo en la economía mundial.

El FRB está autorizado a fijar los tipos de interés, incluido el tipo de redescuento (el tipo de préstamo entre los bancos centrales y los bancos comerciales), comprar y emitir valores del Tesoro de EE.UU. (bonos del gobierno de EE.UU.) (operaciones de mercado abierto) y determinar el coeficiente de reservas obligatorias.

El FRB también publica ocho veces al año el "Libro Beige", que redacta el presidente de cada banco regional y sintetiza las opiniones de destacados empresarios, economistas, expertos del mercado y otros sobre la situación económica.

La razón de tener 12 bancos regionales era permitir a la Reserva Federal ofrecer un enfoque más regionalizado de la política monetaria en diferentes partes del país.

Las 12 regiones se seleccionaron en función de factores demográficos y económicos cuando se aprobó la Ley de la Reserva Federal, y esta estructura descentralizada permite que en el proceso de toma de decisiones de la Reserva Federal esté representada una gama más amplia de voces y perspectivas.

Cada Banco de la Reserva Federal es propiedad de los bancos miembros de su región, que son principalmente bancos comerciales, que poseen acciones de cada Banco de la Reserva Federal.

Sin embargo, los accionistas de los Bancos de la Reserva Federal no les otorgan el control sobre las políticas o las operaciones del Sistema de la Reserva Federal.

El Sistema de la Reserva Federal es un sistema descentralizado de banca central que no es propiedad de ninguna entidad o persona y está formado por 12 Bancos regionales de la Reserva Federal situados en las principales ciudades de Estados Unidos.

Los 12 bancos regionales de la Reserva Federal son
Bancos de la Reserva Federal de Boston, Nueva York, Filadelfia, Cleveland, Richmond, Atlanta, Chicago, San Luis, Minneapolis, Kansas City, Dallas y San Francisco.

La Fed tiene varias responsabilidades fundamentales: dirigir la política monetaria para estabilizar los precios y maximizar el empleo, supervisar y regular los bancos y otras instituciones financieras, y prestar servicios financieros al gobierno de Estados Unidos, a bancos centrales extranjeros y a otras instituciones.

Una función importante de la Fed es dirigir la política monetaria. Esto implica fijar los tipos de interés y ajustar la oferta monetaria para promover la estabilidad y el crecimiento económicos.

Las decisiones políticas de la Fed pueden tener un gran impacto en la economía estadounidense y mundial y en los mercados financieros.

La Fed también desempeña un papel clave en la regulación y supervisión de los bancos y otras instituciones financieras. Trabaja para garantizar la seguridad y la solidez del sistema financiero y para proteger a los consumidores y a los inversores.

La Fed también presta diversos servicios financieros al gobierno de Estados Unidos, a bancos centrales extranjeros y a otras organizaciones, como procesar pagos y mantener la estabilidad del sistema financiero. Puede influir en los tipos de interés, la inflación y el empleo, entre otros indicadores económicos.

El papel de la Fed en la regulación de los bancos y otras instituciones financieras ha contribuido a promover un sistema financiero más estable y resistente, y los servicios financieros facilitan el comercio y los intercambios.

Dado que sus decisiones políticas pueden afectar a los mercados financieros y las economías mundiales, la influencia de la Fed se extiende más allá de Estados Unidos.

Los bancos centrales de todo el mundo miran a la Fed como modelo de política monetaria y regulación bancaria.

La continua globalización de los mercados financieros y la creciente complejidad del sistema financiero plantean nuevos retos a la Fed y pueden requerir nuevos enfoques y herramientas para aplicar la política monetaria y regular las instituciones financieras.

## Sistemas monetarios y bancos centrales

Si echamos la vista atrás y observamos cómo se fundaron y crecieron los bancos, al principio eran privados para proporcionar crédito a los mercaderes en el curso de su comercio e intercambio, pero después de la Edad Media se produjo un auge en la creación de bancos centrales dirigidos por gobiernos y otras instituciones públicas.

Los gobiernos los crearon como solución al problema de la deuda pública bajo el patrón oro. Para entender esto, tenemos que examinar la cuestión de los sistemas monetarios y la política monetaria.

El sistema monetario moderno se basa en la confianza en el Estado y se sustenta en la garantía de pago del Estado por un dinero que no tiene valor en sí mismo. En otras palabras, el dinero en circulación hoy en día se caracteriza fuertemente por ser una garantía de que el Estado pagará su valor nominal.

En el pasado, las personas que se sentían incómodas por la falta de un medio de cambio en la economía de trueque empezaron a prestar atención a los metales preciosos que eran valiosos y bellos por derecho propio, entre los cuales el oro, un metal raro y precioso, ha acompañado a la humanidad durante mucho tiempo.

Como metal raro y precioso que no se corroe fácilmente, es duradero y puede separarse y transportarse con facilidad, es fácil de distinguir de otros metales y es difícil de falsificar, lo que lo hace adecuado para el dinero como medio de cambio.

En particular, la introducción de un sistema monetario se hizo necesaria para recaudar impuestos a medida que se establecían gobiernos centralizados y los impuestos se convertían en una importante fuente de ingresos.

Se necesitaba un medio como el dinero para facilitar la recaudación de impuestos y garantizar que los impuestos recaudados conservaran su valor y tuvieran liquidez cuando se necesitaran.

Además del oro, la plata y el cobre también circulaban como dinero, pero no alcanzaron la popularidad del oro.

Sin embargo, a medida que el tamaño de la economía crecía y el comercio internacional se hacía más activo, la demanda de dinero aumentaba, y la oferta de oro no podía incrementarse rápidamente debido a sus limitadas reservas, lo que daba lugar a un estado de exceso de demanda, que se solucionaba con herramientas subóptimas como la plata.

Algunos gobiernos intentaron sustituir el oro y la plata por moneda emitida por el Estado.

Sin embargo, el crédito gubernamental no parecía ser más valioso que el oro y la plata, que tenían su propio valor.

Hoy en día, el concepto de nación y Estado está tan bien establecido en todo el mundo que tiene sentido que un Estado no cumpla sus promesas, pero en Europa, el concepto de nación no se creó hasta los siglos XVIII y XIX, por lo que la idea de nación o Estado era increíble en aquella época.

Por ejemplo, retrocedamos unos cientos de años desde el Nueva York actual al Nueva York del pasado. Si yo tuviera una pieza de moneda local respaldada por un jefe indio americano, o un billete holandés respaldado por el gobierno holandés, y Nueva York quedara bajo control holandés, y luego pasara a control británico, ¿cuánto valdría mi billete?

Este es un ejemplo muy extremo, pero las garantías de pago de los gobiernos pueden variar de valor en función de cambios de régimen, guerras, desastres naturales y otras variables, y en el peor de los casos, podrían ser trozos de papel sin valor.

Sin embargo, si lo tuvieras en oro, no tendrías que preocuparte de si es indio americano, holandés, británico o quienquiera que estuviera gobernando, razón por la cual una moneda que tiene su propio valor, como una moneda de oro, tendría prioridad sobre el dinero emitido por el gobierno.

En Europa, las guerras entre naciones se sucedieron en la Edad Media, y la demanda de moneda nacional aumentó debido a los diversos gastos que requería la guerra.

Debido al creciente coste de la guerra, los gobiernos querían emitir moneda, como monedas de oro, pero la limitada cantidad de oro no era suficiente para satisfacer las necesidades del gobierno.

Desesperados, los gobiernos emitieron bonos cuyo pago estaba garantizado por el Estado, lo que les permitió pedir dinero prestado al sector privado para pagar la guerra.

Sin embargo, a medida que los gobiernos se endeudaban en exceso, se les cargaba con una deuda y unos pagos de intereses inasequibles.

La solución de sentido común sería que los gobiernos imprimieran dinero indefinidamente para pagar sus deudas, pero el dinero emitido por gobiernos muy endeudados y poco fiables no era más que un trozo de papel.

Así que a los funcionarios del gobierno se les ocurrió la idea de que si la gente no confiaba en la garantía del gobierno porque no era digna de confianza, confiarían en ella si pudieran mostrarles oro y cambiarla por oro, es decir, si era una forma de dinero respaldada por oro, y esto evolucionó hasta convertirse en el patrón oro, el patrón oro y la política de cambio de oro, que significa que el oro es la base del valor del dinero.

Por ejemplo, el gobierno británico muestra a la gente que tiene una tonelada de oro en sus bóvedas y promete cambiar un billete de 1.000 libras por un gramo de oro.

Si la gente puede coger un billete de 1.000 libras y cambiarlo por un gramo de oro en cualquier momento, entonces el billete tiene el mismo valor que el oro. Esto supone, por supuesto, que el gobierno cumple su promesa de cambio.

En tal situación, el gobierno podría emitir 1.000 X 1.000.000 = 1.000.000.000 de libras de dinero, ya que la cantidad de oro en poder del gobierno es de 1 tonelada.

Esto pone un tope a la oferta monetaria, y no puede crecer indefinidamente.

Si el gobierno quiere aumentar la oferta monetaria, tiene que extraer, comprar o pedir prestado más oro, por lo que la oferta monetaria es limitada.

El dinero puro respaldado por el gobierno, en el que la gente no confiaba, fue sustituido por dinero emitido por el gobierno respaldado por oro, en el que la gente confiaba, y la oferta de dinero se limitó, causando deflación.

Una vez que el gobierno adoptó el patrón oro, pudo emitir dinero, por lo que estableció un banco central como autoridad emisora, y el banco central era responsable no sólo de emitir dinero, sino también de gestionar los bonos emitidos por el gobierno.

Los gobiernos, deseosos de escapar de la carga de la creciente deuda y de la emisión de deuda soberana, depositaron en el banco central la solución a su masiva deuda pública.

A menudo, los bancos centrales pueden satisfacer la demanda de los gobiernos imprimiendo dinero por encima de sus reservas de oro, pero esto tiene el efecto secundario de alimentar la inflación.

En el siglo XVIII, a medida que se agravaban los problemas de deuda soberana de Francia e Inglaterra, se pensó en transferir la deuda pública al sector privado canjeando bonos del Estado por acciones en sociedades anónimas en lugar de cambiar los bonos por el escaso oro.

Entonces, el proyecto de resolver el problema de la deuda pública canjeando los bonos del Estado en manos del sector privado por acciones de una sociedad anónima creada por el sector privado o el Gobierno.

El canje de los bonos del Estado por dinero sólo era posible gracias al respaldo de oro que había detrás del dinero, a la existencia del oro, y para que los bonos del Estado pudieran canjearse por algo que no fuera dinero u oro, tenían que ser valiosos en sí mismos, como el oro.

Para que los bonos del Estado se cambiaran por acciones de una empresa, las acciones de la empresa tenían que valer algo y, para ello, el valor de las acciones tenía que subir.

Este proceso crea burbujas, y el inevitable colapso de estas burbujas creadas artificialmente causa muchas víctimas, como el colapso de la burbuja bursátil de la Mississippi Company en Francia y la South Sea Company en el Reino Unido.
Los gobiernos y los bancos centrales llevan mucho tiempo soñando con un sistema en el que el dinero que emiten esté respaldado por un engorroso respaldo de oro y pueda imprimirse indefinidamente.

Sin embargo, bajo el patrón oro, que exige que las reservas de oro sean mayores que la oferta de dinero, hay un límite a la cantidad de oro que se puede imprimir, y la cantidad de dinero que se puede imprimir no puede superar ese límite.

En la era moderna, los principales países desarrollados, incluido Estados Unidos, que no podían gestionar la oferta de dinero bajo el patrón oro a medida que su economía crecía más y más, y la demanda de dinero se disparaba debido a las grandes guerras, empezaron a abandonar el patrón oro, y se estableció una sociedad de crédito en la que todas las transacciones se realizan utilizando dinero respaldado por el gobierno.

La capacidad del gobierno para emitir cantidades ilimitadas de dinero ha sido un deseo de larga data, pero actualmente sólo Estados Unidos, la principal moneda del mundo, puede hacerlo.

Hay muchas variables económicas a tener en cuenta, como la inflación, las burbujas de precios de los activos y la devaluación del won coreano en el mercado internacional de divisas por exceso de capacidad, si el gobierno coreano emitiera dinero indefinidamente.

En el caso de Corea del Sur, el won aún no se considera muy seguro en comparación con el dólar, que está clasificado como moneda de reserva, por lo que dispone de suficientes reservas de divisas en caso de una situación peligrosa como una crisis financiera.
En el caso de los países en desarrollo, una escasez de dólares puede provocar una grave crisis económica, como ocurrió en Corea en 1997.

Aunque los surcoreanos no prestan mucha atención a la cantidad de oro que posee el banco central, sí lo hacen a las reservas de divisas del país, que se publican mensualmente.

Esto puede deberse a los dolorosos recuerdos de 1997, pero al igual que antes la gente se preocupaba por la cantidad de oro que tenía, ha desplazado su atención a la cantidad de dólares que posee el gobierno.

Puede que el mundo haya abandonado el patrón oro, pero el patrón dólar ha existido desde el patrón oro, con el dólar como moneda de reserva sustituyendo el papel del oro.

También es necesario pensar en los mecanismos para mantener y conservar el valor de Bitcoin.

A diferencia de la moneda emitida por el gobierno, que tiene una garantía gubernamental, las monedas emitidas de forma privada se cotizan básicamente por la oferta y la demanda, y la demanda no tiene un valor propio como el oro o la plata.

Sin embargo, si un país como El Salvador adopta Bitcoin como medio de transacción, puede tener valor como moneda, pero me pregunto si Bitcoin, cuyo precio es muy volátil y tiene debilidades en términos de garantías de pago, puede sobrevivir sin un medio para preservar el valor del dólar o del patrón oro, que históricamente han estado sujetos a una feroz competencia y debate.

## Crisis económicas causadas por la emisión excesiva de moneda y las políticas de mantenimiento de los tipos de cambio

Los primeros ejemplos de inflación se remontan a la antigua Roma. Durante el reinado del emperador Augusto en la Antigua Roma, hubo efectivamente un periodo de inflación, aunque era diferente del concepto actual de inflación.

La inflación durante el reinado de Augusto se debió a una combinación de factores, como el aumento del gasto público, la disminución de la oferta de metales preciosos utilizados como moneda y el aumento de la demanda de bienes y servicios, pero Augusto también gastó mucho dinero en guerras e infraestructuras, lo que ejerció una gran presión sobre las finanzas del gobierno.

Además, la oferta de oro, plata y otros metales preciosos utilizados como moneda en el Imperio Romano estaba disminuyendo, y la expansión del Imperio Romano aumentó la demanda de bienes y servicios, haciendo subir aún más los precios.

Los efectos de la inflación augustea dificultaban que los pobres y la clase trabajadora llegaran a fin de mes, lo que provocó malestar social y violentas protestas.

En respuesta a la inflación, Augusto aplicó diversas políticas, como el control de precios y la reforma monetaria, pero su eficacia para estabilizar los precios fue limitada, y la inflación siguió siendo un problema a lo largo de la historia del Imperio Romano.

En particular, durante el reinado del emperador Nerón, éste devaluó la moneda reduciendo la cantidad de plata de cada moneda y sustituyéndola por metales más baratos como el cobre.

Esto se hizo para pagar los gastos extravagantes y las guerras de Nerón, pero también contribuyó a la inflación y a la pérdida de valor de la moneda romana.

En la antigua Roma, las monedas contenían cada vez menos oro, plata y otros metales preciosos, ya que los emperadores querían aumentar la oferta de dinero a pesar de las limitadas reservas de estos metales.

La gente empezó a gastar las monedas que contenían menos metales preciosos, es decir, las de menor valor intrínseco real, y a quedarse con las que tenían más metales preciosos. Inherente a esto es el riesgo de inflación y devaluación de la moneda.


Por ejemplo, supongamos que una moneda que contiene 10 gramos de oro se pone en circulación como una moneda de oro de 100 dólares.

La moneda de oro de hoy contiene 10 gramos de oro, pero dentro de un mes, la moneda contendrá 9 gramos de oro, y dentro de dos meses, contendrá 8 gramos de oro.

No obstante, cuando la moneda de oro de 10 gramos, la de 9 gramos y la de 8 gramos estén en circulación, se utilizarán como monedas de oro de 100 dólares.


No sería necesario utilizar la moneda de oro de 10 gramos, que tiene un valor intrínseco superior.

Tendría sentido utilizar la moneda de oro con menos cantidad de oro y almacenar la moneda de oro con más cantidad de oro.

Esto se debe a que si una moneda de oro con 5 gramos de oro se utiliza posteriormente como moneda de oro de 100 dólares, una moneda de oro con 10 gramos de oro valdría teóricamente 200 dólares.

Este comportamiento monetario hizo que las monedas con bajo contenido en metales preciosos permanecieran en circulación activa y que las monedas con alto contenido en metales preciosos desaparecieran del mercado.

Thomas Gresham, economista inglés del siglo XVI, llamó a este fenómeno "el deterioro construye positividad", y se conoce como la Ley de Gresham.

La ley de Gresham explica que cuando circulan dos formas de dinero con la misma denominación pero distinto valor intrínseco, la de menor valor intrínseco tiende a expulsar de la circulación a la de mayor valor intrínseco.

Desde la antigüedad hasta los tiempos modernos, la guerra ha sido la causa más común de este fenómeno de la ley de Gresham, por el que se acumula el deterioro.

Desde la antigua Roma, las guerras han sido una de las principales causas de la inflación, y la relación entre guerra e inflación no se ha roto en los tiempos modernos, incluidas las guerras mundiales I y II y la guerra ruso-ucraniana.

Hay varias formas en que las guerras pueden causar inflación.

En primer lugar, está el aumento de la demanda de bienes y servicios en tiempos de guerra, ya que los gobiernos incrementan la adquisición de material bélico.

En segundo lugar, las guerras pueden interrumpir las cadenas de suministro y las rutas comerciales, limitando la disponibilidad de bienes y servicios.

Esto puede dar lugar a precios más altos porque los proveedores pueden repercutir mayores costes en sus mercancías para compensar el riesgo y los gastos añadidos del transporte de bienes.

En tercer lugar, la guerra puede reducir la oferta de mano de obra y recursos. Cuando muchos trabajadores sanos son llamados a filas, hay menos mano de obra disponible para producir bienes y servicios.

Además, recursos como el petróleo y los metales pueden desviarse para fines bélicos, limitando su disponibilidad para el consumo o la producción civil, lo que provoca un aumento de los precios de los recursos.

Por último, las guerras pueden provocar la devaluación de la moneda en los países de las partes beligerantes. El fuerte gasto público y el endeudamiento para financiar el coste de la guerra aumentan drásticamente la oferta de dinero, lo que conduce a la inflación y a una disminución del valor del dinero.

Desde la antigüedad hasta la Edad Media, los efectos secundarios inflacionistas de estas guerras y el problema de la deuda pública, incluidos los bonos del Estado emitidos para pagarlas, han sido siempre un quebradero de cabeza para políticos y burócratas.

Presionados para resolver estos problemas, los funcionarios gubernamentales y los banqueros centrales de la Europa medieval se sintieron tentados, e incluso practicaron, la impresión ilimitada de dinero como medio de financiar y resolver los problemas de la deuda.

Sin embargo, el proceso de imprimir dinero para pagar guerras y amortizar deuda ha tenido una serie de efectos secundarios en toda la economía, como una inflación extrema, la devaluación de la moneda y una disminución de la confianza en el gobierno. Estos efectos secundarios a menudo provocan colapsos de los mercados financieros y crisis económicas.

Bajo el patrón oro, las reservas finitas de oro actuaban hasta cierto punto como una restricción a la circulación del dinero, pero desde 1971, cuando se abandonó el patrón oro, esta restricción se ha eliminado, y es fácil ver cómo una política de exceso monetario, aplicada para evitar una crisis a corto plazo, puede conducir a una crisis mayor, a pesar de la necesidad de una gestión cuidadosa por parte de los funcionarios del gobierno.

Junto con la cantidad de dinero, los responsables políticos se ven tentados a manipular el tipo de cambio.

Dependiendo de la oferta de dinero, a medida que la oferta disminuye, el tipo de cambio aumenta (apreciación) y a medida que la oferta aumenta, el tipo de cambio disminuye (depreciación), por lo que se ven tentados a manipular el tipo de cambio controlando la cantidad de dinero en su moneda.

Los países suelen aplicar políticas para apreciar sus monedas (tipos de cambio altos) por las siguientes razones
Aumentar el poder adquisitivo

Un tipo de cambio alto significa que las importaciones son más baratas, lo que da a los consumidores más poder adquisitivo.
Esto puede ser especialmente importante para los países que dependen en gran medida de las importaciones de ciertos productos básicos, como el petróleo.

Controlar la inflación
Al abaratar los bienes importados y reducir el coste de los insumos de producción, como las materias primas importadas, puede ayudar a frenar la inflación.

Esto puede ser especialmente importante en países que sufren inflación.

Reducción de la deuda
Si tiene mucha deuda denominada en divisas o fondos procedentes del extranjero, lo más probable es que tenga que devolverlos en moneda local, por lo que un tipo de cambio más alto tendrá el efecto de reducir la cantidad que tiene que devolver.

Aumento de la inversión extranjera

Cuando el tipo de cambio es alto, aumentan las entradas de capital extranjero y se incrementa la inversión extranjera, pero cuando el tipo de cambio baja, se produce una fuerte salida de capital extranjero.

Sin embargo, puede encarecer las exportaciones, haciéndolas menos competitivas en el mercado mundial y reduciéndolas, y puede provocar graves salidas de divisas si el país intenta mantener el tipo de cambio demasiado alto en comparación con su valor intrínseco.

Por el contrario, hay casos en los que el objetivo es mejorar la balanza de pagos manteniendo una política de tipo de cambio bajo, es decir, una devaluación que favorezca la competitividad de las exportaciones.

En particular, los países que han vinculado sus tipos de cambio al dólar estadounidense para combatir la inflación excesiva han logrado estabilizar sus economías eliminando las fluctuaciones inmediatas del tipo de cambio.

Sin embargo, cuando el valor del dólar cambiaba en respuesta a la política monetaria estadounidense, no iba acompañado de un cambio en el valor intrínseco de la moneda local, que a menudo divergía del verdadero valor intrínseco.

Como el tipo de cambio no reflejaba el verdadero valor intrínseco de la moneda, se creaba un mercado negro en el que la moneda se negociaba a un precio diferente del tipo de cambio oficial, y a menudo era objetivo de los especuladores, lo que provocaba crisis económicas.

Si la subida de los tipos de interés en Estados Unidos aumenta el valor del dólar, o si la relajación cuantitativa de la Reserva Federal aumenta la oferta monetaria y deprecia el dólar, o si el temor a la pandemia de coronavirus crea una preferencia por el dólar, el valor de la moneda local debería fluctuar en consecuencia.

Además, el tipo de cambio de la moneda local debería fluctuar de forma natural debido a la entrada y salida de dólares por déficits o superávits comerciales a través del comercio con EE.UU. Sin embargo, hay muchos casos en los que un sistema de tipo de cambio rígido ha provocado una brecha entre el valor intrínseco de la moneda local y el tipo de cambio oficial, dando lugar a crisis económicas como las crisis cambiarias.

Para mantener un tipo de cambio fijo, hay que ajustar los tipos de interés o la cantidad de dinero, y los efectos de la delicada política monetaria del gobierno y de la intervención en el mercado pueden no funcionar como se desea.
Se trata de una debilidad que pueden aprovechar los especuladores, sobre todo si no se dispone fácilmente de liquidez frente al dólar.

Un ejemplo cercano es la política de tipo de cambio alto aplicada por el gobierno de Kim Young-sam antes del rescate de Corea del Sur por el FMI.
Corea del Sur necesitaba alcanzar una renta per cápita de 20.000 dólares para ingresar en la Organización para la Cooperación y el Desarrollo Económico (OCDE), que en aquel momento presionaba para ser reconocida como país desarrollado, y dado el proceso de cálculo de la renta per cápita en dólares, resultaba ventajoso mantener un tipo de cambio apreciado.

El tipo de cambio del won frente al dólar, que era de más de 800 won cuando el presidente Kim Young-sam asumió el cargo, cayó a mediados de la década de los 700 tras la política de tipos de cambio altos, apreciándose hasta casi 100 won. En el proceso, el precio de las exportaciones surcoreanas subió, aumentando el déficit comercial, que fue uno de los factores que llevaron al agotamiento de las reservas de divisas.

Las secuelas del agotamiento de las reservas de divisas, unidas a la crisis monetaria del sudeste asiático, incluida Tailandia, llevaron a la situación sin precedentes de solicitar un rescate al FMI.

Además, las crisis causadas por un excesivo exceso de divisas y el fracaso de las políticas artificiales de mantenimiento de los tipos de cambio pueden provocar una repentina pérdida de confianza en la moneda de un país, lo que se traduce en una fuerte devaluación y la consiguiente crisis económica.

He aquí algunos ejemplos de crisis financieras causadas por un exceso de divisas.

Crisis financiera asiática (1997-1998)

La crisis económica de Tailandia a finales de los 90 se debió en gran parte a la decisión del país de vincular su moneda, el baht, al dólar estadounidense. La vinculación fijaba el tipo de cambio entre el baht y el dólar, lo que significaba que el Banco de Tailandia tenía que mantener el tipo de cambio comprando y vendiendo dólares en el mercado de divisas.

La paridad condujo a la crisis económica de Tailandia por las siguientes razones

Moneda sobrevalorada

El tipo de cambio fijo provocó la sobrevaloración del baht frente a otras monedas, incluidas las de los socios comerciales de Tailandia.

Esto encareció las exportaciones tailandesas y las hizo menos competitivas en el mercado mundial, lo que provocó un descenso de las exportaciones y un aumento del déficit comercial.

Entradas de capital especulativo extranjero

El tipo de cambio fijo ha hecho de Tailandia un destino atractivo para los inversores extranjeros, ya que proporciona un entorno estable para la inversión y garantiza un tipo de cambio fijo. Como consecuencia, se ha producido una gran afluencia de capital extranjero más especulativo que productivo.

Aumento de la deuda externa

La afluencia de capital extranjero provocó un fuerte aumento de la deuda externa de Tailandia, lo que hizo al país vulnerable a los cambios repentinos en la confianza de los inversores.

Cuando la confianza de los inversores empezó a disminuir, muchos inversores extranjeros empezaron a retirar su dinero de Tailandia, y el sistema financiero del país se vio amenazado por una repentina salida de capitales.

En julio de 1997, el gobierno tailandés se vio obligado a devaluar el baht en respuesta a los ataques especulativos contra la moneda. Tras esta crisis, la crisis financiera se extendió por todo el sudeste y este de Asia, ya que Indonesia, Malasia, Filipinas, Corea del Sur y Hong Kong empezaron a perder la confianza de los inversores extranjeros.

La vinculación de Tailandia al dólar estadounidense contribuyó a la crisis económica del país al atraer entradas de capital especulativo que sobrevaloraron el baht y aumentaron la deuda externa.

Cuando el sentimiento de los inversores se volvió negativo, Tailandia fue incapaz de mantener un tipo de cambio fijo, desencadenando una crisis financiera que se extendió por toda la región.

Crisis del peso mexicano (1994-1995)

El gobierno mexicano mantuvo durante muchos años un tipo de cambio sobrevalorado frente al peso para atraer la inversión extranjera, controlar la inflación y proteger las industrias nacionales.

Sin embargo, mantener un tipo de cambio sobrevalorado no era sostenible a largo plazo y contribuyó a los desequilibrios económicos que finalmente desembocaron en la crisis del peso.

La crisis del peso mexicana fue una crisis financiera que comenzó en diciembre de 1994 y duró hasta principios de 1995.

En diciembre de 1994, el gobierno mexicano anunció una devaluación del peso del 15% para impulsar las exportaciones y reducir el déficit por cuenta corriente. Sin embargo, la devaluación hizo que el peso cayera en picado, ya que los inversores extranjeros trataron de vender sus activos mexicanos.

El gobierno mexicano subió los tipos de interés hasta un 80% para estabilizar la moneda, pero esto agravó la recesión y provocó quiebras y pérdidas de empleo.

El gobierno mexicano acudió a Estados Unidos y al Fondo Monetario Internacional (FMI) en busca de ayuda para resolver la crisis, consiguiendo finalmente un rescate de 50.000 millones de dólares.

La crisis tuvo un impacto significativo en la economía mexicana, con una caída del producto interior bruto (PIB) de alrededor del 6% en 1995, y dio lugar a reformas para abordar los desequilibrios económicos subyacentes que condujeron a la crisis.

México mantuvo una política de tipo de cambio alto durante la crisis del peso porque se consideraba una forma de atraer la inversión extranjera, controlar la inflación y proteger las industrias nacionales.

Sin embargo, esta política creó desequilibrios económicos insostenibles a largo plazo y, en última instancia, contribuyó a la gravedad de la crisis.

Crisis financiera rusa (1998)

Rusia se enfrentó a una crisis económica a finales de la década de 1990 debido a su política de mantener un tipo de cambio infravalorado. A principios de los noventa, el gobierno ruso aplicó una política de mantenimiento de un tipo de cambio devaluado con respecto a su moneda nacional, el rublo, para impulsar las exportaciones y estimular el crecimiento económico.

Sin embargo, esta política tuvo varias consecuencias negativas y acabó provocando la crisis.

Inflación

El bajo tipo de cambio encareció las importaciones, lo que provocó una mayor inflación en Rusia.

Esto hizo más difícil para el gobierno controlar la inflación a través de la política monetaria porque el bajo tipo de cambio presionaba al alza los precios.

Salida de capitales

El bajo tipo de cambio también hizo más atractivo para los ciudadanos y las empresas rusas mantener su riqueza en divisas extranjeras porque el rublo perdía valor frente a otras monedas.

Esto ha provocado una importante fuga de capitales de Rusia, que ha agotado las reservas de divisas del país y dificultado la obtención de divisas para las importaciones.

Pago de la deuda

La política de tipos de cambio bajos también dificultó a Rusia el reembolso de su deuda externa denominada en divisas. A medida que el rublo perdía valor, aumentaba la cantidad de rublos necesarios para pagar el servicio de la deuda, poniendo a prueba las finanzas del país.

En agosto de 1998, estos fallos de la política económica, unidos a una disminución de los ingresos del Estado debida a la caída de los precios del petróleo en aquel momento, llevaron al gobierno ruso a devaluar el rublo y declarar una moratoria sobre algunos impagos de la deuda externa, desencadenando una crisis financiera que provocó una fuerte contracción de la actividad económica y un fuerte aumento de la inflación.

La crisis tuvo importantes efectos indirectos en otros países, ya que los ingresos de Rusia disminuyeron y no pudo pagar a sus acreedores extranjeros.

La política de tipos de cambio bajos de Rusia contribuyó a la crisis económica al provocar inflación, fomentar la fuga de capitales y dificultar el pago de la deuda externa.

Cuando el gobierno reconoció que ya no podía mantener un tipo de cambio bajo y declaró una moratoria, desencadenó una crisis financiera que tuvo importantes efectos indirectos en otros países.

Hiperinflación alemana en los años veinte

La hiperinflación provocada por un exceso de oferta de dinero en Alemania en la década de 1920 fue uno de los casos más graves de hiperinflación de la historia.

Tras su derrota en la Primera Guerra Mundial, Alemania se enfrentó a una enorme carga de deuda y tuvo que pagar reparaciones de guerra a los Aliados.

Para pagar estas deudas, el gobierno alemán decidió imprimir mucho dinero, lo que aumentó enormemente la oferta monetaria.

Al principio, el aumento de la oferta monetaria no tuvo mucho efecto sobre los precios. Sin embargo, a medida que se disponía de más dinero, la gente empezó a darse cuenta de que el valor del marco alemán disminuía rápidamente. Esto condujo a una pérdida de confianza en la moneda, lo que a su vez provocó un aumento de la inflación.

A pesar del rápido aumento de los precios, el gobierno alemán agravó el problema imprimiendo más dinero. En 1923, los precios de los productos básicos se duplicaban cada pocos días, y la gente tenía que llevar carretillas llenas de dinero en efectivo sólo para comprar productos básicos.

La famosa anécdota de un ladrón que roba una carretilla llena de dinero y huye con ella, dejando el dinero y llevándose la carretilla consigo, se cita a menudo cuando se habla de los estragos de la inflación. En aquella época, el marco alemán se depreciaba hasta el punto de considerarse menos valioso que una carretilla.

La hiperinflación afectó profundamente a la sociedad alemana. Los ahorros de la gente se esfumaron y las personas con ingresos fijos, como los pensionistas, se empobrecieron.

La clase media se vio especialmente afectada, ya que sus ahorros perdieron valor y perdieron estabilidad económica. Algunas personas recurrieron al trueque de bienes y servicios en lugar de gastar dinero.

La hiperinflación también tuvo implicaciones políticas, ya que redujo la confianza en el gobierno y contribuyó al auge de grupos extremistas como el Partido Nazi.

La hiperinflación provocada por los excesos monetarios alemanes en la década de 1920 fue un acontecimiento devastador que tuvo un profundo impacto en la sociedad alemana y contribuyó a la inestabilidad de la posguerra.

Hiperinflación en Zimbabue (2008-2009)
El gobierno de Zimbabue imprimió cantidades excesivas de dinero para financiar su déficit fiscal, lo que llevó a la hiperinflación y al colapso de la moneda.
La hiperinflación se produce cuando la tasa de inflación de un país es tan alta que los precios de los bienes y servicios suben de forma descontrolada, y la moneda del país pierde prácticamente su valor.

Zimbabue ya experimentó hiperinflación a principios de la década de 2000, cuando los precios se duplicaron con respecto a los máximos diarios. El de Zimbabue es uno de los casos más graves de hiperinflación de la historia moderna, que comenzó a finales de la década de 1990 y alcanzó su punto álgido en 2008.

La hiperinflación de Zimbabue fue causada por una combinación de factores, entre ellos

## Mala gestión económica

El gobierno de Zimbabue aplicó políticas que contribuyeron al colapso económico, como la confiscación de tierras a los agricultores blancos sin compensación, lo que perturbó el sector agrícola del país y redujo la producción de alimentos. Además, el gasto público superó a los ingresos, lo que provocó un enorme déficit fiscal y la dependencia de la impresión de moneda para financiar las actividades gubernamentales.

## Devaluación de la moneda

El gobierno también devaluó el dólar zimbabuense en un intento de hacer más competitivas las exportaciones y reducir el déficit comercial del país.

Sin embargo, esta devaluación provocó una pérdida de confianza en la moneda, ya que la gente se dio cuenta de que sus ahorros perdían valor rápidamente.

## Inestabilidad política

La inestabilidad política en Zimbabue, incluidas las controvertidas elecciones de 2008 y la violencia contra la oposición, contribuyeron a la crisis económica al minar la confianza de los inversores y reducir la ayuda extranjera.

Como consecuencia de estos factores, la tasa de inflación de Zimbabue empezó a descontrolarse. En 2007, los precios subieron una media del 98% al día, y en noviembre de 2008, la tasa de inflación anualizada había alcanzado el 89.700 billones% (89.700.000.000.000.000.000%).

La hiperinflación tuvo un efecto devastador en la economía y la población de Zimbabue. Los ahorros se esfumaron, las empresas cerraron y los productos de primera necesidad, como alimentos y medicinas, se volvieron inasequibles.

El gobierno acabó abandonando el dólar zimbabuense en 2009 y ahora utiliza una combinación de monedas extranjeras.

La hiperinflación de Zimbabue fue causada por una combinación de condiciones económicas, gasto imprudente, devaluación de la moneda e inestabilidad política que condujeron a una pérdida de confianza en la moneda y a un rápido aumento de los precios.

La hiperinflación tuvo un impacto devastador en la economía y la población de Zimbabue, ya que muchos perdieron sus ahorros y no pudieron cubrir sus necesidades básicas.

Crisis económica venezolana (2014-presente)

El gobierno venezolano mantuvo estrictos controles de divisas e imprimió cantidades excesivas de dinero para financiar su déficit fiscal, lo que llevó a la hiperinflación y al colapso del valor de la moneda. La crisis económica de Venezuela fue causada por una combinación de factores, uno de los cuales fue la impresión excesiva.

Venezuela tiene un largo historial de intervención gubernamental en la economía, que incluye la nacionalización de industrias y el control de precios. A principios de la década de 2000, el gobierno del presidente Hugo Chávez comenzó a imprimir grandes cantidades de moneda para financiar programas sociales y el gasto público. Esto provocó un aumento significativo de la oferta monetaria, que a su vez generó inflación.

Como la inflación seguía aumentando, el gobierno respondió imponiendo controles de precios sobre bienes y servicios, lo que provocó escasez de productos básicos como alimentos y medicinas.

El gobierno también restringió el acceso a las divisas, lo que dificultó a las empresas la importación de bienes o el pago de la deuda externa. La tasa de inflación de Venezuela superó el 2.600% anual en 2017.

La hiperinflación se debe a una combinación de factores, entre ellos la caída del precio del petróleo, principal producto de exportación de Venezuela, así como al gasto excesivo del gobierno, la corrupción, la mala gestión y las restricciones al cambio de divisas.

La hiperinflación ha provocado escasez de productos básicos, alto desempleo, pobreza generalizada y emigración masiva de personas que intentan escapar del país.

La excesiva sobreexpansión monetaria y la inflación resultante, combinadas con otros factores, condujeron a la crisis económica de Venezuela, que ha tenido un impacto devastador en el país y su población.

## Inflación, tipos de interés y tipos de cambio

1. La inflación

El precio del dinero, o el valor de las cosas, es inversamente proporcional al valor del dinero. Si usted pagó 35 dólares por una onza de oro en 1971, tendría que pagar 1.000 dólares para comprarla en 1980.

Suponiendo que el valor del oro no cambie, esto significa que el valor del oro no ha cambiado, pero el valor del dólar ha disminuido, por lo que hay que dar más dólares para comprar una onza de oro.

Si valorásemos el oro basándonos en el precio actual del oro, una onza de oro en 1971 valdría 35 dólares y en 2023 valdría más de 2.000 dólares, lo que supone un incremento de unas 57 veces en unos 50 años. Sin embargo, si valoramos el dólar en términos de oro, se ha depreciado 57 veces.

Por ejemplo, si hace un año compró una hamburguesa en un restaurante McDonald's por 4 $ y hoy cuesta 8 $, ¿cuánto se ha depreciado el dólar?

El precio de la hamburguesa se ha duplicado, pero el valor del dólar se ha multiplicado por dos.

En otras palabras, el precio de la hamburguesa se ha duplicado y el valor del dólar ha disminuido.

Este ejemplo se basa en el supuesto extremo de que el único elemento que mide la inflación es el oro o una hamburguesa.

Las medidas más utilizadas de la inflación en el mundo real son el Índice de Precios de Consumo (IPC) y el Índice de Precios de Producción (IPP), que se calculan promediando los precios de los bienes y servicios consumidos o producidos en el mundo real.

Sin embargo, los precios de los bienes inmuebles y las acciones no suelen incluirse en estas medidas de la inflación.

Dado que los bienes inmuebles y las acciones se consideran activos y no bienes o servicios, y que representan la propiedad de un activo físico o financiero en lugar de una compra directa de bienes o servicios, sus precios están sujetos a fuerzas de mercado distintas de las de los precios de los bienes y servicios.

Además, los precios de los bienes inmuebles y las acciones suelen ser más volátiles que los de los bienes y servicios.

Por lo tanto, es habitual que estos activos se excluyan de las mediciones de la inflación porque su inclusión en la medida de la inflación aumentaría la volatilidad de la tasa de inflación, lo que podría dar lugar a errores en la medida de la inflación. Cuando se produce esta inflación, el valor de su dinero en efectivo disminuye día a día, y a usted le conviene más gastar o invertir.

En los países que experimentaron hiperinflación en Sudamérica, era habitual que la gente gastara todos sus depósitos del día de pago el mismo día.

Esto se debe a que los precios de los productos de primera necesidad siguen subiendo, y gastarlos hoy es la forma más barata de comprarlos.

¿El dinero que recibo hoy en mi nómina mantendrá su valor dentro de un año?

Suponiendo una tasa de inflación del 10%, dentro de un año mi dinero valdrá un 10% menos.

¿Qué puedo hacer para conservar el valor de mi dinero? Si lo deposito en un banco y gano un 10% de intereses, estoy preservando el valor de mi dinero hoy.

Y si ganas un 15% de interés, tu tipo de interés real, menos la tasa de inflación, es del 5%, por lo que estás cobrando por tus ahorros al renunciar al consumo corriente. El interés es la recompensa por sacrificar el consumo actual de dinero.

Cuando inviertes o ahorras, estás sacrificando y renunciando al consumo actual por el consumo futuro, y la recompensa por ese sacrificio y renuncia es el interés.

Si suponemos que la tasa de inflación prevista es del 10% y el tipo de interés de los depósitos bancarios o el tipo de emisión actual de los bonos del Tesoro estadounidense es del 20%, la gente depositará su dinero en los bancos o invertirá en bonos del Tesoro.

Este aumento de los tipos de interés sacará el dinero del mercado y lo depositará en el banco. Al disminuir la oferta de dinero en circulación, aumenta el valor del dinero y disminuye la inflación. Esto se debe a que un aumento de los tipos de interés significa un aumento del valor del dinero.

La inflación significa básicamente que el valor del dinero disminuye. Así que, en teoría, la moneda de un país con una inflación relativamente alta debería devaluarse más que la moneda de un país con una inflación más baja.

La moneda de un país con una inflación grave, como un país como Zimbabue con un billón de dólares, se depreciará más y más rápido que la moneda de un país con una inflación relativamente baja, como Japón.

Y para defender el valor de una moneda en declive, es necesario aumentar el interés que la gente recibe por depositar su dinero en un banco para no perder dinero con ello.

Si el tipo de interés es inferior a la inflación, el tipo de interés real es negativo, por lo que el tipo de interés debe ser al menos tan alto como la tasa de inflación para que el banco atraiga depósitos.

## 2. Tipos de interés

La restricción monetaria, al desviar el dinero del mercado hacia el banco, reduce la demanda de bienes y mantiene así los precios bajo control, por lo que es inevitable que los tipos de interés sigan subiendo a medida que suben los precios.

Además, si el tipo de interés es bajo en comparación con otros países, el valor de la moneda local disminuirá debido a la salida de fondos hacia países extranjeros con tipos de interés más altos, por lo que, para la estabilidad del tipo de cambio, es necesario observar la situación de los tipos de interés de otros países y ajustarse a las variaciones de los tipos de interés.

Si el tipo de interés en EE.UU. es más alto que el tipo de interés en Corea, los extranjeros que han invertido en Corea intentarán vender el won (aumento de la oferta del won, disminución del valor del won) y comprar dólares (aumento de la demanda de dólares, aumento del valor del dólar) y marcharse a EE.UU., por lo que el valor del won disminuirá y el valor del dólar aumentará.

Si el tipo de cambio se estabiliza debido a un aumento de los tipos de interés, la inflación se controlará estabilizando los precios de importación.

Sin embargo, el uso de tipos de interés más altos para controlar la inflación tiene sus límites.

El aumento de los tipos de interés, que no puede hacerse arbitrariamente, reduce la oferta de dinero y aumenta la carga de los intereses sobre los hogares y las empresas endeudados, provocando el estancamiento de la economía.

Además, en la era moderna de las instituciones financieras, hay más efectos secundarios causados por los tipos de interés altos que por los bajos. La crisis de S&L en Estados Unidos y la crisis de las cajas de ahorros en Corea del Sur son ejemplos típicos de quiebras de instituciones financieras que se produjeron durante periodos de subida de los tipos de interés.

Las cajas de ahorros del segundo nivel, que compiten con los bancos comerciales del primer nivel, tienen que ofrecer tipos de interés más altos que los bancos comerciales para atraer depósitos, y el problema es que tienen que obtener mayores rendimientos para sobrevivir.

Como dice el refrán, a mayor riesgo, mayor recompensa, y para generar altos rendimientos, deben asumir un alto riesgo. Han sido una fuente importante de quiebras durante la subida de los tipos de interés, ya que las inversiones de alto riesgo, como los inmuebles comerciales, los bonos basura, los MBS y los fondos de pensiones inmobiliarios, han provocado pérdidas masivas.

En particular, el aumento de los tipos de interés es una señal de alarma porque los precios inmobiliarios suelen desplomarse durante los periodos de subida de los tipos de interés debido a las recesiones económicas y a los mayores costes de apalancamiento.

Además, existe una relación inversa entre la subida de los tipos de interés y la caída de los precios de los bonos. Para verlo, observemos la negociación de bonos que tienen las mismas condiciones distintas de los tipos de interés, como la calificación crediticia.

Supongamos que un bono emitido ayer tiene un tipo de interés superficial del 5%, y el valor nominal del bono en el mercado es de 10 $.

El precio de mercado del bono emitido ayer habría sido el valor nominal de 10 $.

Puesto que el tipo de interés de mercado ayer era del 5%, y los bonos emitidos a un tipo superficial del 5% serán digeridos por las instituciones, el tipo superficial actual representa el nivel actual del tipo de interés de mercado.

Sin embargo, si hoy se emite un bono con un cupón del 6%, podemos decir que el tipo de mercado ha aumentado al 6%, y en esta situación, ¿cuál será el precio de un bono emitido ayer con un cupón del 5%? Hoy, el bono con un cupón del 6% cotizará a 10 $.

Si un bono con un cupón del 6% cotiza a 10 $, ¿un bono con un cupón peor, del 5%, no tendría que tener un precio más bajo que los 10 $ de ayer para venderse?

Por el contrario, si un bono emitido hoy con un cupón del 4% ha caído al 4% en el mercado y cotiza hoy a 10 $, ¿no podría un bono con un cupón mejor del 5% venderse por más de los 10 $ de ayer?

En el mercado de bonos, ésta es la razón por la que el precio de los bonos baja cuando el tipo de interés del mercado sube, y el precio de los bonos sube cuando el tipo de interés baja.

La razón por la que el mercado de bonos es importante es que, a diferencia de las acciones, aunque pierda dinero con el precio de mercado de un bono, si lo mantiene hasta su vencimiento, recibirá su capital e intereses siempre que el emisor no quiebre, por lo que muchos inversores institucionales lo utilizan como vehículo de inversión seguro.

Sin embargo, el inconveniente es que si no lo mantienes hasta su vencimiento, puedes tener problemas de liquidez e incluso perder dinero, que es lo que ocurrió con la quiebra del Banco de Silicon Valley en marzo de 2023.

La gran cantidad de dinero que se liberó para combatir la pandemia y el gasto de represalia tras la pandemia provocaron inflación, que se intensificó con la invasión rusa de Ucrania, que hizo subir los precios de la energía, lo que llevó a la Reserva

Federal de Estados Unidos a subir los tipos de interés con fuerza a través del Comité Federal de Mercado Abierto (FOMC).

Silicon Valley Bank, que invirtió sus depósitos en activos seguros como bonos del Tesoro estadounidense durante un largo periodo de tiempo en la situación de bajos tipos de interés, era un banco con una proporción muy elevada de bonos del Tesoro estadounidense.

Cuando el banco tuvo que pagar depósitos a corto plazo, tuvo que vender bonos del Tesoro a largo plazo para pagar depósitos a corto plazo, pero el precio de los bonos del Tesoro se desplomó debido al aumento de los tipos de interés, y el banco se vio obligado a vender los bonos con pérdidas.

Las pérdidas por la venta de estos bonos se reflejaron entonces en los estados financieros, dando lugar a un déficit.

Cuando las pérdidas del banco por los bonos se hicieron públicas a través de diversos medios de comunicación, los depositantes, nerviosos, retiraron sus depósitos, lo que desencadenó una corrida bancaria, y el Silicon Valley Bank fue incapaz de superar la falta de liquidez y quebró.

El riesgo de desajuste de vencimientos entre la financiación a corto plazo y la financiación a largo plazo ya había quedado demostrado en el comportamiento de financiación y gestión de los conglomerados financieros coreanos durante la crisis financiera coreana.

Sin embargo, se señala que, aunque se trataba de la peor situación en la que se daban varios factores de riesgo a la vez, como la quiebra del deudor, el problema de la cobertura del riesgo de tipo de cambio debido a la obtención y operación de distintas divisas, y la suspensión de la ampliación de los fondos a corto plazo, era necesario preparar contramedidas para la gestión del riesgo y comprobaciones internas como las pruebas de resistencia.

Los bancos se dedican básicamente a captar fondos a corto plazo para prestar fondos a largo plazo y disfrutar de un margen de seguridad.

La ampliación de los márgenes aumenta específicamente la rentabilidad si los tipos de interés a corto plazo bajan mientras los bancos centrales bajan con retraso los tipos de interés a largo plazo.

Los tipos de interés a largo plazo se verán afectados con el tiempo por el descenso de los tipos a corto plazo, y cuando los tipos de interés a largo plazo bajen, también lo harán los tipos hipotecarios inmobiliarios asociados.

La liquidez liberada en el mercado fluye hacia el mercado inmobiliario, creando una burbuja inmobiliaria con menor apalancamiento, y los bancos aumentan sus préstamos inmobiliarios.

Por el contrario, si un banco central sube su tipo de interés de referencia, el desfase temporal puede hacer que el tipo a largo plazo se mantenga igual, invirtiendo la relación entre los tipos de interés a largo y a corto plazo.

Los bancos comerciales tienen que pagar tipos de interés más altos a sus clientes de depósitos a corto plazo, mientras que los tipos de sus clientes de préstamos a largo plazo no aumentan, creando un margen inverso.

Al final, los bancos no tendrán más remedio que aumentar sus tipos de interés a largo plazo, lo que hará subir los tipos de interés a largo plazo, y esta inversión de los tipos de interés a corto y largo plazo puede ser peligrosa.

Es sólo cuestión de tiempo que la burbuja inmobiliaria estalle debido al aumento de los tipos de interés a largo plazo, mientras que los tipos de interés a corto plazo se mantienen en el mismo nivel. Además, es habitual que los tipos de interés a largo plazo sean más altos que los tipos de interés a corto plazo debido a la inflación, la revalorización de los activos y la compensación de las primas de liquidez.

Sin embargo, cuando esto se invierte, se considera una señal de advertencia de recesión, ya que sugiere que los inversores tienen unas perspectivas económicas negativas a largo plazo.

Si el banco central fija un objetivo de inflación, y éste sube los tipos de interés para luchar contra la inflación, el mercado inmobiliario puede enfrentarse a una situación de estallido de la burbuja al aumentar los costes de apalancamiento.

Y el estallido de burbujas inmobiliarias, que a su vez provocan la quiebra de los bancos como fuente de financiación, dando lugar a crisis financieras, ha sido una forma típica de crisis económica desde el siglo XX.

Estas crisis, provocadas por la expansión y contracción de las divisas, han sido cíclicas, como los ciclos del ciclo económico, y han llevado a la quiebra a muchas instituciones financieras.

El riesgo de desajuste en la estructura de vencimientos de los fondos suele ser inherente al modelo de negocio de la institución financiera receptora. Por lo tanto, el establecimiento y la revisión de técnicas de gestión como la Gestión de Activos y Pasivos (ALM) para prepararse ante tales riesgos es una estrategia de supervivencia esencial para las instituciones financieras receptoras.

Aunque el sistema financiero moderno es una estructura compleja con muchos derivados, sigue siendo un sistema que se ocupa del producto esencial del dinero, y los cambios en los tipos de interés, que pueden considerarse como el precio de uso del dinero, tienen muchos efectos en los mercados financieros, como la inflación, el mercado de valores y el mercado de bonos.

En particular, los movimientos de los tipos de interés en el mercado de bonos proporcionan información útil sobre el flujo de dinero. Los bonos del Estado negociados en el mercado secundario tienen tipos de interés inversamente proporcionales a su calificación crediticia por parte de una agencia de calificación.

Si un país tiene una calificación crediticia excelente, como Estados Unidos o Japón, puede emitir a un tipo de interés bajo, mientras que el tipo de interés de los bonos del Estado de países menos desarrollados o en vías de desarrollo es relativamente alto.

Los fondos públicos y los fondos de pensiones de los países que han aumentado sus reservas de divisas debido a la acumulación de excedentes comerciales o al aumento de los precios de los recursos tienden a favorecer los bonos del Estado o los bonos con una elevada calificación crediticia para gestionar con seguridad las divisas.

En particular, el mercado de bonos soberanos es sensible a las crisis económicas, y un aumento del tipo de interés de los bonos soberanos de un país va acompañado de un aumento de los índices de riesgo, como el de los swaps de incumplimiento crediticio (CDS) del país, que es una señal de alarma de que los inversores creen que las perspectivas económicas del país son negativas.

Por lo tanto, durante una crisis, puede hacerse una idea del verdadero valor de la economía de un país observando qué tipos de los bonos soberanos de los países permanecen invariables y cuáles suben.

En tiempos de crisis económica, los tipos de interés de los bonos del Estado emitidos por países como Estados Unidos, Japón y Alemania tienden a bajar, y los tipos de interés de los bonos del Estado de otros países considerados seguros disminuyen.

Por el contrario, los tipos de interés de los bonos soberanos que se consideran arriesgados tienden a subir.

A medida que se agrave la crisis, los rendimientos de los bonos del Tesoro de EE.UU. seguirán bajando, y los rendimientos de los bonos del Tesoro de los países desarrollados con calificaciones crediticias inferiores a las de EE.UU. subirán ligeramente.

Por lo tanto, es poco probable que un país con suficientes reservas de divisas, una calificación crediticia limpia y un superávit comercial estable experimente un fuerte aumento de los CDS o una fuerte subida de los tipos de interés soberanos durante una crisis económica.

Si los inversores analizan los diversos indicadores económicos del país y determinan que no hay motivo de preocupación, es poco probable que el mercado tome medidas para retirar fondos. En general, la inflación, los tipos de interés y los tipos de cambio interactúan entre sí y se autocorrigen a través del comercio internacional.

3. Tipos de cambio

Si nos remontamos a la situación de Corea del Sur antes y después de la crisis financiera asiática de 1997, podemos ver el papel que desempeñó la autocorrección. Cuando el acuerdo de la plaza inversa de 1995 devaluó el yen frente al dólar, haciendo que las exportaciones japonesas fueran más competitivas en los mercados de ultramar, como el estadounidense, las exportaciones coreanas que competían con los productos japoneses en los mercados de ultramar se hicieron relativamente más caras, aumentando el déficit comercial de Corea.

Esto supuso una salida de divisas, que vino acompañada de una apreciación del dólar en el mercado de divisas y una depreciación del won en el mercado de divisas.

La lógica de la autocorrección en el comercio internacional es que el precio de las exportaciones de Corea del Sur disminuye, lo que lleva a un aumento de las exportaciones, y el precio de las importaciones aumenta, lo que lleva a una disminución de las importaciones, lo que lleva a una convergencia del déficit comercial hacia el equilibrio.

Sin embargo, impedir artificialmente que los precios suban y que los precios bajen puede tener efectos adversos, como se vio en el caso de los controles de precios y cantidades que provocaron escasez de artículos como mascarillas durante la pandemia de coronavirus, y en el caso de los controles de precios de la leche de Robespierre durante la Revolución Francesa, que provocaron que los precios de la leche y los piensos se dispararan.

En aquella época, el sistema de tipos de cambio de Corea del Sur se basaba en un tipo de mercado.
El tipo de cambio se fijaba mediante una media ponderada por volumen de las cotizaciones de los bancos de divisas en el mismo día, pero era un sistema rígido que limitaba la cantidad de fluctuaciones diarias al alza o a la baja.
El tipo se había ajustado para fluctuar dentro del 0,4% en marzo de 1990, el 1,5% en noviembre de 1994 y el 2,25% en diciembre de 1995.

Sin embargo, cuando el tipo de cambio se limitó al 2,25% a principios de 1997, fue incapaz de seguir el ritmo de la demanda de dólares para salir del país, ya que los coreanos percibieron una crisis en la economía y vendieron el won para comprar dólares.

En la actualidad, la fluctuación diaria de la bolsa coreana está limitada al 30% al alza y al 30% a la baja. Sin embargo, las acciones con un valor intrínseco alto o bajo pueden estar en el límite superior o inferior durante días seguidos.

Esto se debe a que el control artificial de los precios alarga el tiempo para alcanzar el valor real.

Sin embargo, el problema surge con el volumen. La gente que cree que va a subir no venderá a este precio, y la gente que cree que va a bajar no comprará a este precio, por lo que hay muy pocas operaciones. Al final, sólo después de una corrección significativa del precio, el volumen empieza a explotar.

Esto es lo que ocurrió en 1997, y dificultó la obtención de dólares.
El 20 de noviembre de 1997, la fluctuación diaria del tipo de cambio se elevó al 10%, pero la tasa de depreciación y fluctuación del won fue mucho mayor que eso. Finalmente, el 16 de diciembre de 1997, se abolió por completo el límite de fluctuación diaria y se introdujo un sistema de tipo de cambio de libre flotación.

El tipo de cambio del won con respecto al dólar fluctuó por encima de los 2.000 won, pero se estabilizó con el tiempo, y Corea se convirtió en un país con superávit comercial en 1998, ya que la devaluación del won hizo más competitivas sus exportaciones.
La introducción de un sistema de tipo de cambio de libre flotación permitió que la autocorrección funcionara correctamente.

El sistema de tipo de cambio fijo o de flotación dirigida se considera un tipo de política artificial de control de precios debido a la rigidez de la fluctuación del tipo de cambio, e hizo fracasar la autocorrección en el comercio internacional.

Además de los tipos de cambio, también hay casos de intervención activa en el mercado por parte de los gobiernos para invertir los efectos de autocorrección del comercio internacional.

El caso del comercio entre Estados Unidos y China es un ejemplo de intervención gubernamental para impedir esta autocorrección.

Estados Unidos tiene un déficit comercial creciente con China, y China tiene un superávit comercial creciente con Estados Unidos.

En teoría, Estados Unidos debería tener un dólar más débil por la salida de dólares, y China debería tener un yuan más fuerte por la autocorrección de la balanza comercial, pero el desequilibrio comercial entre ambos países persiste.

En una situación normal, Estados Unidos tendría un déficit comercial excesivo, lo que provocaría el debilitamiento del dólar y la subida del precio de los bienes importados, con la consiguiente inflación.

Entonces, para controlar la inflación, se suben los tipos de interés, creando una secuencia de dólar débil, precios altos y tipos de interés altos, pero en el caso de EE.UU., este sistema de autocorrección no funciona.

Desde la perspectiva estadounidense, el déficit comercial se compensa con un superávit de la cuenta de capital, que evita la inflación habitual y los tipos de interés altos.

Desde la perspectiva de China, el aumento de las exportaciones a Estados Unidos podría provocar una depreciación del dólar y una apreciación del yuan, la moneda nacional china.

En tal situación, el banco central chino podría adoptar una política de expansión de la cantidad de moneda en el mercado imprimiendo yuanes para comprar los dólares que entran en el país y cambiarlos después por dólares, una política conocida como política de monetización.

Si el banco central chino emite yuanes para comprar dólares a través del superávit comercial con Estados Unidos, la oferta de yuanes en el mercado aumentará, y se dice que el proceso de oferta de divisas que lleva a la expansión de la moneda nacional es como poner un huevo.

Sin embargo, si se libera mucho dinero en el mercado a través de la política, tiene el efecto secundario de causar inflación interna.

Por lo tanto, para evitar la inflación, el banco central puede emitir bonos del Estado, como los bonos de estabilidad monetaria, para captar el RMB liberado del mercado, y el aumento del volumen de moneda a través de los superávits comerciales puede absorber la venta de bonos del Estado.

Esto es lo contrario de una política de esterilización, que puede describirse de varias formas, como esterilización, esterilización y esterilidad.

Resumiendo, el banco central chino compra dólares ganados en Estados Unidos emitiendo yuanes, y los yuanes que se liberan en el mercado se recompran emitiendo bonos del Estado para protegerse de la inflación.

A continuación, el yuan se utiliza para comprar bonos del Tesoro estadounidense, que a su vez se utilizan para proteger al dólar de la depreciación.

Cuanto mayor es el superávit comercial acumulado con Estados Unidos, mayor es la cantidad de bonos gubernamentales que emite el gobierno chino para aplicar estas políticas.

Esto aumenta la carga de intereses que el gobierno chino tiene que pagar por los bonos, lo que incrementa la carga fiscal del gobierno chino.

Como en el caso de Japón, una mayor emisión de deuda pública provoca una disminución del precio de los bonos del Estado y un aumento de los tipos de interés de la deuda pública, razón por la cual China ha aplicado una política de control de los tipos de interés.

El tipo de depósito está controlado entre el 1,5% y el 2%, y el tipo de préstamo entre el 4% y el 5%.

Mientras que las empresas pueden obtener préstamos a bajos tipos de interés dado el crecimiento económico y las tasas de inflación, lo que hace que sus exportaciones sean más competitivas en términos de costes, los ahorradores se ven privados de oportunidades de inversión que podrían haberles reportado mayores beneficios.

El gobierno vende bonos del Estado chino a bajo interés a estos ahorradores sacrificados y controla los tipos de interés para que no aumente la carga de intereses de los bonos del Estado chino.

Gracias a estas políticas, China ha podido defender adecuadamente su tipo de cambio y su inflación, mantener bajos los tipos de interés y aliviar la carga de su déficit fiscal.

Desde la perspectiva de China, Estados Unidos es su mayor consumidor de bienes y, como moneda de reserva, le gustaría mantener el statu quo porque es el mayor emisor de valores del Tesoro estadounidense.

Esta relación entre China y Estados Unidos no es típica. Sólo es posible debido a circunstancias especiales, como la condición de gran potencia de Estados Unidos y la economía dirigida de China.

En cambio, algo como el desequilibrio comercial entre Grecia y Alemania es más típico.

Antes de su crisis financiera de 2009, Grecia acumulaba un déficit comercial anual con Alemania, una potencia manufacturera de la eurozona.

Con pocas industrias competitivas aparte del transporte marítimo y el turismo, Grecia se vio obligada a importar más de Alemania, una potencia manufacturera mundial, después de que la moneda del país se unificara bajo el euro.

La creación de una moneda única, el euro, redujo drásticamente los costes de transacción del comercio entre los países de la eurozona. Esto significó que el volumen del comercio entre los países de la eurozona aumentó.

Mientras que las monedas de los países de la parte alta de la eurozona, como Alemania, se depreciaban a medida que el euro se unificaba para reflejar la media dentro de la eurozona, la moneda del país de la parte baja, Grecia, se apreciaba, por lo que las exportaciones alemanas obtenían más superávits comerciales frente a los países de la parte baja de la eurozona.

Para Grecia, la acumulación de un déficit comercial requiere que el tipo de cambio se autocorrija para reducir el déficit, pero la unificación de la moneda elimina esta herramienta.

En el caso de Estados Unidos y China, las compras de bonos del Tesoro estadounidense por parte de China corregían el desequilibrio al permitir que la cuenta de capital ajustara el déficit comercial.

En el caso de Grecia, estaba haciendo algo similar. La salida de euros por el desequilibrio comercial se compensaba con préstamos e inversiones en Grecia por parte de bancos extranjeros de la eurozona.

A medida que aumentaba el desequilibrio comercial, crecía la deuda nacional de Grecia, y la deuda soberana griega no era tan popular como los bonos del Tesoro de Estados Unidos, por lo que tenía que pagar tipos de interés más altos y, como moneda de reserva, no estaba en condiciones de imprimir dinero indefinidamente.

Cuando estalló la crisis financiera mundial de Estados Unidos en 2008 y el mundo buscó activos refugio, Grecia se vio obligada a emitir deuda pública a tipos de interés más altos para pagar su creciente deuda nacional, que el gobierno no podía permitirse y declaró una moratoria.

La crisis económica mundial ha demostrado que cuando se favorecen los activos refugio, la deuda de países de riesgo como Grecia tendrá que pagar tipos de interés cada vez más altos, y es más probable que se produzcan acontecimientos como la moratoria.

Como los inversores mundiales tienden a buscar activos refugio con buena liquidez siempre que hay una crisis, los tipos de interés de los activos de riesgo están abocados a subir.

Durante la reciente crisis provocada por la quiebra de instituciones financieras en EE.UU. y Europa, la bolsa coreana cayó porque los inversores extranjeros vendieron sus acciones.
Sin embargo, esto no se debió a una visión negativa de la economía coreana como en el pasado, sino al deseo de ser los primeros en vender y sacar dinero de las acciones coreanas líquidas.

Para determinar si el éxodo de los inversores extranjeros es temporal o no, podemos fijarnos en el mercado de deuda pública.
Si tienen una opinión negativa de la economía coreana, probablemente venderán deuda pública coreana en el mercado de deuda pública, y si no, la comprarán en caso de crisis.
En caso de vender deuda pública coreana, el precio de los bonos del Estado caería en picado, como ocurrió durante la crisis financiera asiática, y los tipos de interés

tendrían que subir porque habría que emitir nuevos bonos del Estado a tipos más altos.

Sin embargo, si aumenta la demanda de los inversores extranjeros de mantener bonos del Estado coreanos como activo refugio, el precio de los bonos del Estado aumentará y el tipo de interés de los bonos del Estado disminuirá, por lo que el tipo de interés de los bonos del Estado durante una crisis puede utilizarse para entender cómo ven los inversores extranjeros la economía de un país.

Aunque los tipos de interés están subiendo en otros países competidores, en Corea se han mantenido bajos, salvo por cuestiones internas, por lo que la opinión de los inversores extranjeros sobre la economía coreana aún no es negativa.

# Quantitative Easing y Teoría Monetaria Moderna (TMM)

1. Visión general

En los países modernos, el gobierno tiene un presupuesto nacional predeterminado y aprobado y utiliza el dinero para gastos sociales e indirectos de capital, bienestar, defensa, etc. para suministrar fondos al sector privado y estimular la demanda privada, lo que se denomina política fiscal.

Además, la política monetaria es una política que afecta indirectamente a la demanda privada ajustando el tipo de interés de referencia, comprando o vendiendo bonos del Estado en el mercado secundario, o ajustando el tipo de redescuento para las transacciones monetarias con las instituciones financieras o el porcentaje de reservas que las instituciones financieras depositan en el banco central.

Los más partidarios de la eficacia de la política monetaria en esta dirección de la política gubernamental están a favor del uso de la política monetaria mediante la política de tipos de interés, incluida la relajación cuantitativa. Por otro lado, los economistas que defienden la Teoría Monetaria Moderna (TMM) sostienen que el gobierno debería poder utilizar su poder fiscal para influir directamente en la economía, y que la política fiscal es una herramienta mejor que la política monetaria.

A diferencia de los monetaristas, que abogan por presupuestos equilibrados, los defensores de la política fiscal a través de la teoría monetaria moderna sostienen que los déficits son inevitables y que, cuando las finanzas públicas son excesivas, el poder fiscal puede utilizarse para amortizar la deuda.

En el pasado, cuando la economía real era grande y el sistema financiero estaba poco desarrollado, la tasa de utilización y la eficacia de la política fiscal eran elevadas, pero a medida que el sistema financiero se ha hecho más sofisticado y grande, los efectos indirectos de la política monetaria son cada vez mayores.

En particular, a medida que la globalización y la relajación de las regulaciones financieras, como la liberalización de los tipos de cambio, han permitido que los capitales circulen libremente entre los países, la política monetaria está estrechamente relacionada con las fluctuaciones de los tipos de cambio e incluso afecta a la regulación de las divisas.

A medida que se ha ido generalizando el uso del apalancamiento, también ha aumentado el acceso al crédito y la influencia de la política de tipos de interés en mercados de activos como el inmobiliario y el bursátil.

Prueba de la influencia del sistema financiero en la economía real es que a menudo se utiliza para hacer frente a la inflación, un desequilibrio de precios en la economía real, subiendo los tipos de interés.

En el pasado, las recesiones o los fracasos de la economía real solían desencadenar crisis en los mercados financieros, pero en la era moderna, las crisis de la economía real suelen ser provocadas por cambios en la política monetaria, lo que demuestra la creciente dependencia de la economía real con respecto al sistema financiero.

Esto se debe a que la financiación de la economía real depende cada vez más de los mercados financieros, y a medida que la financiación apalancada de la economía real se hace más común, puede producirse un colapso de la economía real si el aumento del coste del apalancamiento es mayor y más rápido que el aumento del precio de los activos reales, lo que a su vez contribuye al colapso de los mercados financieros.

Por esta razón, los ciclos económicos han sido relativamente largos en el pasado, cuando la intervención gubernamental en los mercados no era activa.

Sin embargo, en la era moderna, cuando la intervención gubernamental en el mercado a través de la política monetaria se ha convertido en algo habitual, los ciclos económicos son cada vez más cortos.

Además de la política de tipos de interés, la manipulación del mercado abierto es una política común utilizada por los bancos centrales para controlar la cantidad de dinero mediante la compra y venta de bonos del Estado en el mercado secundario.

Dado que las instituciones financieras, incluidos los bancos, son los principales operadores en el mercado secundario de deuda pública, las operaciones de mercado abierto afectan a la cantidad de dinero del sector privado ajustando la oferta monetaria de las instituciones financieras.

En cambio, los economistas que defienden la Teoría Monetaria Moderna (TMM) sostienen que los bancos centrales deberían intervenir directamente en el mercado primario.

Los críticos de la TMM argumentan que la emisión de bonos del Estado en el marco de la TMM conduce a un aumento de la oferta de bonos del Estado, una disminución del precio de los bonos del Estado, y un aumento de los rendimientos de los bonos del Estado, o tipos de interés.

Este aumento de los tipos de interés se ha utilizado como argumento principal contra la TMM porque contrarresta la eficacia de la política fiscal para estimular una economía deprimida, y se cita como ejemplo de este fenómeno el caso de la política fiscal expansiva de Japón tras el estallido de la burbuja, que provocó un declive del mercado inmobiliario y la quiebra de instituciones financieras.

En respuesta a esta refutación, los defensores del MMT argumentan que los gobiernos deberían recibir el dinero emitido por el banco central a través de su poder de emisión directamente del mercado de emisión, en lugar del mercado secundario, para llevar a cabo su presupuesto previsto.

De este modo, argumentan, cuando el gobierno emite bonos del Estado, el banco central los suscribe directamente en su totalidad, acortando el proceso de emisión y acelerando el tiempo que tarda la moneda en repercutir en el sector privado a través de una ejecución más rápida del presupuesto.

Esta participación directa del banco central en el mercado de deuda pública se denomina "monetización de la deuda".

Sin embargo, un banco central puede preferir intervenir en el mercado de deuda pública a través de medios indirectos, como las operaciones de mercado abierto o la relajación cuantitativa, en lugar de proporcionar fondos al gobierno mediante la compra directa de deuda pública por las siguientes razones.

En primer lugar, las operaciones directas de un gobierno con el banco central en el mercado de deuda soberana pueden suscitar dudas sobre la independencia del banco central y crear presiones inflacionistas en la economía real.

Por otra parte, creemos que los métodos de intervención indirecta pueden utilizarse para influir en los tipos de interés y proporcionar liquidez al sistema financiero sin crear los mismos riesgos.

En segundo lugar, puede ser visto por los mercados financieros como un signo de dominio fiscal, en el que el gobierno controla la política monetaria para satisfacer las necesidades fiscales, lo que puede socavar la credibilidad y la independencia del banco central, que es importante para mantener la estabilidad de precios y la estabilidad financiera.

En tercer lugar, puede considerarse una solución a corto plazo para los problemas fiscales, lo que deja mucho margen para el abuso por parte de los gobiernos.

Por estas razones, es habitual que los bancos centrales negocien deuda soberana en el mercado secundario, no en el primario.

La principal diferencia instrumental política entre la QE y la MMT es si estos bancos centrales compran deuda pública en el mercado secundario o en el primario. Aunque la teoría monetaria contemporánea está dividida sobre la QE y la MMT, las políticas como la MMT se consideran viables sólo para países como Estados Unidos y Japón, que tienen el estatus de moneda de reserva y pueden exportar su moneda al extranjero, ya que pueden minimizar los efectos secundarios de la inflación causada por la expansión monetaria creando demanda exterior de su moneda.

2. El ejemplo japonés de QE y monetización de la deuda

Tanto el QE como el uso del MMT fueron pioneros en Japón, y el ex presidente de la Reserva Federal de EE.UU. Bernanke estudió la economía japonesa para orientar la política de QE de EE.UU..

Los primeros ejemplos de monetización de la deuda se remontan a la década de 1930 en el Banco de Japón.

En la década de 1930, Japón estaba experimentando una recesión económica debido a la Gran Depresión mundial y a la pérdida de mercados de ultramar para sus exportaciones.

Para combatir esta situación, el gobierno japonés necesitaba grandes cantidades de dinero, especialmente en las áreas de expansión militar y desarrollo de infraestructuras.

Sin embargo, debido a la recesión y al limitado ahorro interno, el gobierno japonés tenía dificultades para recaudar fondos por medios tradicionales como los impuestos y los préstamos.

Para superar estas dificultades, el gobierno japonés decidió recurrir a la financiación directa del Banco de Japón (BOJ), el banco central del país en aquel momento.

Utilizando sus prensas de impresión, el BOJ acordó utilizar el dinero recién creado para comprar bonos del gobierno japonés en el mercado abierto, monetizando efectivamente la deuda del gobierno. Este proceso se conoce como "monetización de la deuda".

En su momento, la decisión del BOJ de monetizar la deuda fue controvertida, ya que violaba el principio de independencia del banco central y suscitaba preocupación por las presiones inflacionistas. Sin embargo, el gobierno argumentó que era necesario para apoyar la economía y proteger los intereses de seguridad nacional.

La práctica de monetizar la deuda continuó a lo largo de la década de 1930 y fue un elemento clave para financiar la expansión militar de Japón en el periodo previo a la Segunda Guerra Mundial. Tras la guerra, Japón aplicó una serie de reformas económicas para evitar que se repitiera esta política, entre ellas la independencia del Banco de Japón y restricciones a la monetización de la deuda.

Tras un periodo de crecimiento económico espectacular, la economía japonesa se ralentizó en 1985, cuando el Acuerdo del Plaza creó un yen artificialmente fuerte y el gobierno japonés, temiendo una recesión, adoptó políticas de relajación monetaria, creando una economía de burbuja.

Sin embargo, la burbuja empezó a explotar cuando el gobierno japonés tomó medidas para subir los tipos de interés y limitar el uso del apalancamiento inmobiliario debido a diversos efectos adversos sobre la burbuja.

En la espiral descendente, el gobierno japonés intentó estimular la economía mediante la política fiscal, pero el mercado inmobiliario se deterioró y las instituciones financieras acumularon deudas incobrables.

Tras el Acuerdo del Plaza de 1985, el cambio del tipo de cambio al yen duró una década, pero no eliminó el desequilibrio de la balanza de pagos.

El debilitamiento artificial del yen mediante el Acuerdo Plaza inverso en 1995 comenzó cuando Estados Unidos se volcó en estimular la economía japonesa, que había caído en recesión tras el Gran Terremoto de Kobe, y mejorar su cuenta de capital mediante tipos de interés más altos y un dólar más fuerte.

Esto ayudó a la recuperación de la economía japonesa, pero la crisis monetaria asiática de 1997 golpeó duramente a los inversores japoneses, muchos de los cuales habían invertido en el extranjero, y las instituciones financieras japonesas, que venían sufriendo una insolvencia acumulada, empezaron a quebrar una tras otra.

Aunque el gobierno japonés se dio cuenta de que las instituciones financieras estaban fallando y tomó medidas para reestructurarlas, no fue suficiente para evitar el retroceso de la economía.

Para estimular la economía, el Banco de Japón (BOJ) puso en marcha una serie de medidas de política monetaria no convencionales, incluida la flexibilización cuantitativa (QE).

La QE es una herramienta de política monetaria en la que un banco central compra grandes cantidades de bonos del Estado u otros valores en el mercado abierto para aumentar la oferta monetaria y estimular la economía. El objetivo es bajar los tipos de interés y aumentar el crédito, la inversión y el consumo.

La primera ronda de relajación cuantitativa del Banco de Japón comenzó en 2001, cuando compró bonos del Estado y otros valores a los bancos para aumentar la oferta monetaria. Esta política se amplió en 2006, y el BOJ aumentó sus compras de bonos del Estado para estimular la economía y evitar la deflación.

La política resultó eficaz para aumentar la liquidez del sistema financiero, bajar los tipos de interés a largo plazo y estimular los préstamos y la inversión, pero su eficacia se vio limitada por la falta de demanda de crédito y el debilitamiento de la confianza de los consumidores.

En 2008, el Banco de Japón amplió aún más su programa de expansión cuantitativa en respuesta a la crisis financiera mundial, aumentando las compras de bonos del Estado y otros valores e introduciendo nuevas medidas como las compras de bonos corporativos y fondos cotizados (ETF).

Cuando el gobierno de Abe asumió el poder en 2013, prometió estimular la economía de Japón por todos los medios necesarios, una política conocida como Abenomics.

Como parte de Abenomics, el BOJ puso en marcha un nuevo programa de flexibilización cuantitativa conocido como "Quantitative and Qualitative Monetary Easing" (QQE), que combinaba compras masivas de activos con otras medidas como tipos de interés negativos y orientación anticipada sobre los tipos de interés oficiales.

Fue una política aplicada por el Banco de Japón (BOJ) para acabar con la deflación y estimular la economía, y amplió sus compras para incluir no sólo bonos del Estado japonés, sino también otros activos como bonos corporativos y fondos cotizados en bolsa (ETF) para aumentar la oferta monetaria y estimular el crecimiento económico.

En el proceso de flexibilización cuantitativa, el Banco de Japón aumentó el volumen de sus compras de bonos, comenzando con un objetivo de 50 billones de yenes al año hasta que la tasa de inflación alcanzara el 2%, y aumentando entonces a 80 billones de yenes.

Esto se hizo para apoyar los esfuerzos del gobierno por alcanzar su objetivo de inflación del 2% y estimular el crecimiento mediante estímulos fiscales.

Aunque la política de "relajación monetaria cuantitativa y cualitativa" (QQE) consiguió impulsar los precios de los activos y aumentar las expectativas de inflación, no logró alcanzar el objetivo de inflación debido a factores externos como los bajos precios del petróleo, la debilidad de la demanda mundial y la subida del impuesto sobre el consumo.

El Banco de Japón compró un total de 636 billones de yenes en bonos del Estado japonés entre 2013 y 2021, y estas acciones aumentaron la relación entre activos y PIB del Banco de Japón por encima del 90% en 2020.

Las compras públicas de bonos del Estado por parte del Banco de Japón han hecho subir el precio de los bonos del Estado japoneses, lo que, en contra de los deseos del Gobierno japonés, no ha tenido un efecto significativo en la circulación de dinero en el mercado, ya que los inversores privados y los bancos comerciales han comprado bonos del Estado.

Los bancos comerciales de Japón se vieron limitados en su gestión de activos debido a los tipos de interés negativos sobre el exceso de reservas, y se vieron obligados a comprar bonos del Estado japonés, un activo seguro, debido a la normativa sobre el coeficiente BPI.

Sin embargo, la demanda de bonos del Estado aumentó debido a la compra de bonos del Estado por parte de inversores particulares y bancos comerciales, y el precio de los bonos del Estado aumentó, lo que llevó a unos tipos de interés más bajos para las nuevas emisiones de bonos del Estado.

Como resultado, el gobierno japonés pudo mantener su política de bajos tipos de interés y reducir la carga de intereses de los bonos del Estado.

El Banco de Japón también ha aplicado una serie de políticas para inyectar dinero en el mercado como parte de su política de flexibilización cuantitativa, incluyendo la compra de aproximadamente 35 billones de yenes en fondos cotizados (ETF) y 1,5 billones de yenes en fondos de inversión inmobiliaria (REIT). Estas políticas han contribuido a lograr el objetivo de acabar con la deflación e impulsar el crecimiento económico.

En septiembre de 2016, el Banco de Japón introdujo una política adicional de "control de la curva de rendimientos" (YCC, por sus siglas en inglés) para alcanzar su objetivo de inflación del 2%, siguiendo el modelo de la Operación Twist, una forma de flexibilización cuantitativa aplicada en Estados Unidos en la década de 1960.

Sin margen para una política monetaria adicional con una política de tipos de interés ya en cero, el Banco de Japón introdujo un régimen de tipos de interés negativos, fijando el tipo de interés oficial a corto plazo en el -0,1%.

También fijó el tipo de los bonos del Estado a 10 años en el 0% y utilizó su política de control de la curva de rendimiento para mantener bajos no sólo los tipos de interés a corto plazo, sino también los tipos de interés a medio y largo plazo.

La idea era mantener estable la curva de rendimiento de los bonos del Estado japonés (JGB) y estimular la economía controlando los tipos de interés a largo plazo.

Esta política se diseñó para lograr los siguientes objetivos.

En primer lugar, pretendía crear un entorno de tipos de interés estables y predecibles para apoyar la inversión y el consumo. Al mantener bajos los tipos de interés a largo plazo, pretendía reducir los costes de endeudamiento de los hogares y las empresas para estimular la actividad económica.

En segundo lugar, la política pretendía apoyar los esfuerzos del gobierno para estimular la economía a través de la política fiscal. Al mantener bajos los rendimientos de la deuda pública japonesa (JGB), la política pretendía reducir los costes de endeudamiento del gobierno y ayudarle a superar su déficit fiscal.

En tercer lugar, la política pretendía alcanzar el objetivo de inflación del Banco de Japón del 2%. Al mantener bajos los tipos de interés, fomentaba el endeudamiento y el gasto, lo que podía contribuir a aumentar la demanda e impulsar la inflación.

Esta política ayudó a mantener bajos los tipos de interés a largo plazo y a estabilizar la curva de rendimientos, lo que proporcionó un entorno predecible para los inversores y apoyó la actividad económica. También ayudó a reducir los costes de endeudamiento público y respaldó los esfuerzos de estímulo fiscal del gobierno.

En la actualidad, Japón sigue fijando límites superiores e inferiores al rendimiento de la deuda pública y recurre a la intervención del mercado para ajustar los tipos de la deuda pública dentro de una horquilla controlada, del mismo modo que el gobierno interviene en el mercado en un régimen de tipo de cambio fijo.

Sin embargo, los tipos de interés negativos a corto plazo han provocado una escasez de JGB en el mercado, ya que los bancos comerciales japoneses, ante las dificultades de financiación, prefieren invertir en deuda pública japonesa a largo plazo.

Los tipos de interés persistentemente bajos también pesaron sobre la rentabilidad de los bancos, ya que los márgenes netos de interés se redujeron.

A pesar de los esfuerzos del gobierno japonés y del Banco de Japón, la economía japonesa no ha podido alcanzar su objetivo de inflación mediante estímulos internos, con la excepción de factores externos como la recuperación tras la pandemia del COVID-19, las interrupciones de la cadena de suministro y la invasión de Ucrania.

A pesar de la enérgica política de relajación monetaria de Japón, los siguientes factores han contribuido a la dificultad para alcanzar el objetivo de inflación del 2%.

Japón es uno de los mayores tenedores de activos extranjeros del mundo y una nación acreedora, por lo que la liquidación de las operaciones de carry trade en yenes y la demanda de bonos del Estado japoneses como refugio seguro vuelven en tiempos de crisis.

La demanda de bonos del Estado ha sido fuerte, manteniendo bajos los tipos de interés, y la demanda del yen como activo refugio ha aumentado con cada crisis, manteniendo alto el valor del yen. Con el alto valor del yen, ha sido difícil que aumente la inflación.

Otro factor importante es el actual entorno deflacionista desde hace más de 20 años. En Japón, la disminución y el envejecimiento de la población han reducido la demanda de consumo interno y la mano de obra, lo que ha exacerbado las presiones deflacionistas.

Otro factor es la falta de confianza de los consumidores y las empresas en las perspectivas futuras de la economía.

Si los ciudadanos y las empresas dudan en gastar e invertir a pesar de los bajos tipos de interés y la abundante liquidez del sistema financiero, la demanda de bienes y servicios será débil, lo que dificultará la consecución del objetivo de inflación.

Además, la ley de los rendimientos marginales decrecientes puede haber reducido con el tiempo la eficacia de la política monetaria para estimular la economía.

En otras palabras, la agresiva política monetaria del Banco de Japón puede haber perdido parte de su eficacia a la hora de estimular el endeudamiento, el gasto y la inversión. Un periodo prolongado de bajos tipos de interés también está reduciendo su eficacia, al hacer que la gente dé por sentados los bajos tipos de interés y embote su sensibilidad a las bajadas de tipos.

Por último, existen retos estructurales en la economía japonesa que no pueden abordarse únicamente con la política monetaria. Por ejemplo, las estrictas regulaciones del mercado laboral, los elevados impuestos de sociedades y la falta de dinamismo empresarial son factores que pueden lastrar el crecimiento económico y la inflación.

3. Operación Twist

En general, la política de tipos de interés aplicada por el banco central sirve para proporcionar liquidez a los bancos comerciales reduciendo el tipo básico cuando la liquidez en el mercado se agota y es insuficiente debido a una crisis financiera.

Sin embargo, dado que el tipo de referencia es un tipo de interés a corto plazo, tiene el efecto de mejorar la liquidez proporcionando liquidez a corto plazo, pero el efecto sobre los tipos de interés a largo plazo puede llevar tiempo.

En el caso de Corea, el tipo de interés de referencia del BOK fue el tipo de interés a la vista hasta febrero de 2008, pero desde entonces utiliza el tipo de interés de los pactos de recompra (RP) al agua a 7 días como indicador del tipo de interés de referencia.

Por lo tanto, para ajustar el tipo de interés a largo plazo, el banco central utilizará las operaciones de mercado abierto para intervenir en el mercado secundario de bonos del Estado o de empresas a largo plazo y comprar bonos a largo plazo.

Cuando el banco central compra bonos a largo plazo en el mercado secundario, la demanda de bonos a largo plazo aumenta y la oferta de bonos a largo plazo disminuye, haciendo que el precio de los bonos a largo plazo aumente, y los bonos a largo plazo de nueva emisión pueden emitirse a tipos de interés más bajos, haciendo que el rendimiento de los bonos a largo plazo, o los tipos de interés a largo plazo, disminuyan.

Cuando el banco central reduce los tipos de interés, los tipos de interés a corto plazo bajan rápidamente, pero los tipos de interés a largo plazo bajan lentamente, por lo que cuando los bancos comerciales utilizan fondos a corto plazo para operaciones a largo plazo, su rentabilidad mejora al aumentar sus márgenes de depósito.

Además, los tipos de interés a largo plazo están vinculados a las hipotecas inmobiliarias, que son préstamos a largo plazo, y afectan al mercado inmobiliario.

Durante la crisis económica mundial de 2008, el Banco de la Reserva Federal de Estados Unidos (FRB) utilizó una política denominada "Operación Twist" para inducir un descenso de los tipos de interés a largo plazo junto con la relajación cuantitativa para estimular el mercado inmobiliario.

La Operación Twist fue una herramienta de política monetaria utilizada por la Reserva Federal de Estados Unidos en la década de 1960 para influir en la forma de la curva de rendimientos y estimular el crecimiento económico.

A principios de los años sesenta, Estados Unidos bajó su tipo de interés de referencia para estimular una economía que llevaba estancada desde finales de los años cincuenta, lo que provocó un descenso de los tipos de interés a corto plazo. Sin embargo, debido a la inflación en curso, el mercado esperaba inflación y el descenso de los tipos de interés a largo plazo fue más lento.

Además, la economía estadounidense a principios de los 60 se caracterizaba por dos mercados distintos: los mercados monetarios a corto plazo y los mercados de bonos a largo plazo.

Los bancos y otras instituciones financieras se centraban tradicionalmente en conceder préstamos en el mercado monetario a corto plazo, donde los tipos de interés venían determinados por la política del FRB. Los tipos de interés del mercado de bonos a largo plazo se consideraban fuera del control del FRB.

Esto dio lugar a un aumento del diferencial entre los tipos de interés a corto y a largo plazo, y el FRB consideraba que los elevados tipos de interés a largo plazo obstaculizaban el crecimiento económico de Estados Unidos al reducir la demanda de préstamos por parte de particulares y empresas.

Es normal que los tipos a largo plazo sean más altos que los tipos a corto plazo debido a la prima de liquidez que se paga por ceder liquidez y a la compensación por la inflación.

Sin embargo, los tipos de interés a largo plazo están asociados a préstamos a largo plazo, como los relacionados con el sector inmobiliario y la financiación de las instalaciones de las empresas, y la reducción de los tipos de interés a largo plazo ha tenido el efecto de estimular la economía inmobiliaria y promover la inversión de capital de las empresas.

Con este fin, el FRB ha adoptado una estrategia consistente en vender valores del Tesoro a corto plazo en el mercado secundario y utilizar los ingresos para comprar valores del Tesoro a largo plazo, conocida como Operación Twist.

La venta de valores del Tesoro a corto plazo provoca la caída del precio de los valores del Tesoro a corto plazo y el aumento del tipo de interés a corto plazo, el rendimiento de los valores del Tesoro a corto plazo.

Por ejemplo, si compra un bono del Tesoro a 6 meses con un principal de 10.000 dólares y un cupón del 6%, la cantidad que recibirá en 6 meses es de 10.300 dólares, suponiendo que no haya impuestos ni otros costes.

Si este bono se vendía ayer a 10.000 $ y hoy se vende a 9.500 $ debido a la intervención del FRB en el mercado, el rendimiento del bono de 10.300 $ en seis meses será superior al 6%, por lo que la caída del precio del bono provocará una subida del tipo de interés.

Por la misma lógica, cuando el FRB interviene en el mercado secundario para comprar valores del Tesoro a largo plazo, aumenta la demanda de valores del Tesoro a largo plazo, lo que aumenta el precio de los valores del Tesoro a largo plazo, lo que disminuye el rendimiento de los valores del Tesoro a largo plazo, lo que disminuye los tipos de interés a largo plazo.

La subida de los tipos a corto plazo y la bajada de los tipos a largo plazo tienen el efecto de reducir el diferencial, la diferencia entre los tipos a corto y a largo plazo, lo que tiene el efecto de aplanar las curvas de rendimiento a corto y a largo plazo.

De hecho, en 1961, el diferencial entre los rendimientos del Tesoro a 3 meses y a 10 años era de aproximadamente el 2,5%, pero a finales de 1962, tras la Operación Twist, el diferencial se había reducido a aproximadamente el 1%.

El impacto de la Operación Twist en la economía fue desigual. Por un lado, la caída de los tipos de interés a largo plazo contribuyó a estimular el crecimiento económico al fomentar el endeudamiento y la inversión. Por otro lado, la política también tuvo consecuencias no deseadas, como el aumento de la inflación que se produjo a mediados de los años sesenta.

La Operación Twist fue una innovación importante en la política monetaria porque demostró la capacidad del FRB para influir en los tipos de interés a largo plazo mediante operaciones de mercado abierto.

El FRB estadounidense ya había aplicado esta estrategia en dos ocasiones anteriores en la década de 1960.

La primera fue en 1961, cuando la economía estadounidense crecía lentamente y el desempleo era elevado, y el FRB vendió 1.000 millones de dólares en valores del Tesoro a corto plazo y utilizó los ingresos para comprar letras y bonos del Tesoro a largo plazo, lo que dio lugar a una reducción del 0,15% de los tipos de interés a largo plazo.

La segunda vez que se utilizó esta estrategia fue en 1965. El FRB vendió 4.000 millones de dólares en valores del Tesoro a corto plazo y utilizó los ingresos para comprar valores del Tesoro a largo plazo.

El resultado fue un recorte del 0,4% de los tipos de interés a largo plazo, que sirvió para estimular el crecimiento económico y reducir el desempleo durante un periodo de recesión económica.

Tras dos rondas de relajación cuantitativa a raíz de la crisis financiera mundial de 2008, el FRB reintrodujo la Operación Twist como herramienta para bajar los tipos de interés a largo plazo y estimular el crecimiento económico, a pesar de la necesidad de una relajación cuantitativa adicional y de enfrentarse a la oposición del Congreso debido a los temores inflacionistas.

La crisis financiera mundial desencadenada por las hipotecas subprime había provocado una caída del mercado inmobiliario, y el FRB esperaba que, al bajar los tipos de interés a largo plazo, reduciría el coste del apalancamiento en el mercado inmobiliario, que estaba ligado a los tipos de interés a largo plazo.

El FRB anunció por primera vez la reintroducción de su estrategia de Operación Twist en septiembre de 2011, comprometiéndose a comprar 400.000 millones de dólares en valores del Tesoro a largo plazo durante los nueve meses siguientes, al tiempo que vendía una cantidad igual de valores del Tesoro a corto plazo.
Las compras del Tesoro a largo plazo del FRB se dirigieron a valores del Tesoro estadounidense con vencimientos entre seis y 30 años.
La Reserva Federal realizó grandes compras de bonos del Tesoro estadounidense a largo plazo y de valores respaldados por hipotecas para presionar a la baja los tipos de interés a largo plazo.

Cuando el programa finalizó en diciembre de 2012, la Fed había comprado 667.000 millones de dólares en bonos del Tesoro estadounidense, y el tipo de interés del bono del Tesoro a 10 años había caído del 2,00% al 1,70%.
Estas compras contribuyeron a reducir los tipos hipotecarios y otros costes de endeudamiento a largo plazo, lo que favoreció el gasto de los hogares y la actividad inversora de las empresas.

En 2013, el Gobierno de Abe llegó al poder en Japón y aplicó la llamada política Abenomics, cuyo objetivo era estimular la economía alcanzando un objetivo de inflación de al menos el 2% y revitalizando la economía por todos los medios necesarios.

El Banco de Japón (BOJ), el banco central de Japón, anunció la Operación Twist, una forma de flexibilización cuantitativa aplicada en Estados Unidos, como una política denominada "Control de la Curva de Rendimiento" (YCC).

La política japonesa de Control de la Curva de Rendimiento (YCC), introducida por el Banco de Japón (BOJ) en 2016, estuvo influenciada por la estrategia de la Operación Twist.

La política YCC pretendía controlar la curva de rendimientos fijando un objetivo para el rendimiento de la deuda pública japonesa (JGB) a 10 años en torno al 0%, y el BOJ compraba o vendía JGB para mantener el rendimiento de la JGB a 10 años cerca del nivel objetivo.

Aunque existen similitudes entre la política de YCC de Japón y la estrategia de la Operación Twist utilizada por la Reserva Federal de Estados Unidos en la década de 1960, también hay diferencias importantes en los objetivos específicos, las metas y la aplicación de ambas políticas.

Mientras que la Operación Twist es una estrategia de venta de bonos a corto plazo y compra de bonos a largo plazo, una política de YCC implica el establecimiento de un objetivo de rendimiento para un bono en particular y la compra o venta de bonos para alcanzar ese objetivo.

Además, mientras que la Operación Twist es una respuesta política a corto plazo a condiciones económicas específicas, la política YCC es una política a largo plazo que ha estado en vigor desde 2016 y tiene como objetivo alcanzar la tasa de inflación del 2% del Banco de Japón.

## 4. Flexibilización cuantitativa (QE)

La flexibilización cuantitativa (QE, por sus siglas en inglés) es una herramienta de política monetaria no convencional utilizada por los bancos centrales para estimular la economía cuando las herramientas de política tradicionales, como los ajustes de los tipos de interés, han perdido su eficacia.

Fue utilizado por primera vez por el Banco de Japón a principios de la década de 2000 y fue ampliamente utilizado durante la crisis financiera mundial de 2008-09.

## Definición

La QE es el proceso mediante el cual un banco central inyecta liquidez en una economía comprando activos, normalmente bonos del Estado, a bancos y otras instituciones financieras en el mercado secundario.

El objetivo del proceso es aumentar la oferta de dinero en circulación, facilitando a las empresas y a los particulares la obtención de préstamos y el gasto, estimulando el crecimiento económico y aumentando la inflación.

## Cómo funciona el QE y sus efectos

El proceso de QE suele constar de tres pasos principales.

En primer lugar, el banco central anuncia su intención de comprar activos, mostrando así su voluntad de inyectar liquidez en el mercado.

En segundo lugar, el banco central compra activos, normalmente deuda pública, a bancos y otras instituciones financieras para aumentar la oferta monetaria.

En tercer lugar, los bancos y las instituciones financieras utilizan el efectivo que reciben del banco central para conceder préstamos a empresas y particulares con el fin de estimular la actividad económica.

En Estados Unidos, el FRB llevó a cabo tres rondas de QE entre 2008 y 2014, comprando un total de 4,5 billones de dólares en activos. Este aumento de la oferta monetaria contribuyó a estimular el crecimiento económico.

Japón también ha aplicado un programa de QE a gran escala en los últimos años, destinado a luchar contra la deflación e impulsar el crecimiento económico.

El Banco de Japón ha estado comprando activos como bonos del Estado desde 2013, y este aumento de la oferta monetaria ha ayudado al país a luchar contra la deflación.

Los detractores de la QE argumentan que puede conducir a la inflación y a burbujas de activos, ya que un aumento de la oferta monetaria puede provocar un exceso de demanda y un aumento de los precios.

Sin embargo, los partidarios sostienen que la QE es una herramienta esencial que los bancos centrales pueden utilizar en tiempos de dificultades económicas, y que los riesgos pueden gestionarse mediante una aplicación y supervisión cuidadosas.

## 5. Teoría Monetaria Moderna (TMM)

La Teoría Monetaria Moderna (TMM) es una teoría económica que ha ganado popularidad en los últimos años a raíz de la crisis financiera mundial de 2008-2009. Fue promovida por un grupo de economistas, entre ellos Stephanie Kelton, Warren Mosler y L. Randall Ray, que pretendían cuestionar las visiones tradicionales de las finanzas públicas y la deuda pública.

### Definición.

En esencia, la TMM sostiene que un gobierno que emite su propia moneda nunca puede quedarse sin dinero, y que su gasto no está limitado por los impuestos o los préstamos.

En otras palabras, el gobierno puede imprimir dinero a voluntad para financiar su gasto sin depender de los ingresos fiscales o de la venta de bonos para financiar sus actividades.

## Medios

Según la MMT, un gobierno puede crear dinero nuevo a través de la financiación del déficit, que es la diferencia entre lo que el gobierno gasta y lo que recauda en impuestos.

Cuando un gobierno gasta más dinero del que recauda en impuestos, crea un déficit, que inyecta dinero nuevo en la economía.

Esto, a su vez, crea empleo y estimula la actividad económica.

La MMT sostiene que el gasto deficitario no es intrínsecamente malo y puede utilizarse para alcanzar objetivos políticos importantes como el pleno empleo, la estabilidad de precios y el crecimiento económico.

## Ejemplos

Uno de los ejemplos más destacados de la MMT es Japón, que lleva décadas registrando grandes déficits fiscales, y su ratio deuda/PIB ronda actualmente el 240%, el más alto del mundo desarrollado.

Según la teoría económica tradicional, Japón debería enfrentarse a una inflación y unos tipos de interés elevados, y su economía debería pasar apuros, pero Japón ha experimentado años de baja inflación y bajos tipos de interés, y su economía se ha mantenido estable.

Así, los defensores de la MMT señalan a Japón como ejemplo de cómo un gobierno que emite su propia moneda puede utilizarla para alcanzar sus objetivos políticos mediante la financiación del déficit sin enfrentarse a las limitaciones de financiación de los hogares o las empresas.

En el caso de Japón, el gobierno pudo financiar su gasto emitiendo bonos que fueron comprados en su mayoría por inversores nacionales.

Esto mantuvo los tipos de interés bajos y permitió al gobierno continuar con el gasto deficitario sin enfrentarse a una crisis de deuda.

Japón también favoreció el gasto fiscal basado en la teoría MMT frente a la política monetaria porque se ajustaba más a las intenciones de los funcionarios japoneses, que consideraban que la política fiscal tenía un efecto simple y directo y era más fácil de entender que la política monetaria, que era más difícil y tenía repercusiones más largas debido a factores políticos como los intereses creados en el Ministerio de Finanzas.

Los críticos de la TMM sostienen que la teoría es demasiado simplista y no tiene en cuenta los riesgos potenciales del gasto deficitario, como la inflación y la pérdida de confianza en la moneda.

Sin embargo, los defensores de la TMM sostienen que estos riesgos pueden gestionarse mediante la fiscalidad y la emisión de bonos, y que la inflación puede controlarse si la moneda puede exportarse a través de la demanda exterior.

La TMM desafía las visiones tradicionales de las finanzas públicas y la deuda, argumentando que un gobierno que emite su propia moneda nunca puede quedarse sin dinero y que el gasto deficitario puede utilizarse para lograr importantes objetivos políticos.

Sin embargo, está por ver si funcionará fuera de los países con poder económico para emitir su propia moneda, como Estados Unidos y Japón.

6. Diferencias en el uso de las herramientas de política monetaria entre la QE y la MMT

La teoría monetaria moderna (TMM) y los instrumentos de política monetaria como la relajación cuantitativa, las operaciones de mercado abierto, la política de tipos de descuento y la política de tipos de interés implican la gestión de la oferta monetaria y la economía de un país, pero difieren en su enfoque y finalidad.

## Flexibilización cuantitativa (QE)

La flexibilización cuantitativa es una política monetaria en la que un banco central inyecta dinero en el sistema financiero para estimular la economía.

Normalmente, el banco central compra bonos del Estado u otros valores a los bancos, y los bancos que reciben la liquidez proporcionan más liquidez concediendo préstamos a empresas y particulares.

El objetivo es bajar los tipos de interés para aumentar el endeudamiento y la inversión y estimular el crecimiento económico, y la QE es una herramienta habitual para combatir la deflación o la recesión.

En cambio, la MMT no se basa en la QE para estimular la economía, sino que sostiene que los gobiernos pueden crear dinero para financiar el gasto sin provocar inflación.

Sostiene que los gobiernos no están limitados por la necesidad de pedir dinero prestado porque pueden simplemente crear nueva moneda para apoyar su gasto.

Este enfoque se basa en la creencia de que la oferta monetaria no es fija y que el gobierno tiene el poder de crear o destruir dinero a voluntad.

## Operaciones de mercado abierto (OMO)

La política de operaciones de mercado abierto (OMO) consiste en que un banco central compra y vende bonos del Estado u otros valores en el mercado abierto, lo que afecta a la oferta de liquidez.

Cuando un banco central compra valores, aumenta la oferta monetaria, y cuando vende valores, disminuye la oferta monetaria. Los objetivos operativos de las políticas de manipulación del mercado abierto son mantener precios estables, promover el pleno empleo y estabilizar la economía.

La MMT también reconoce el uso de las políticas de manipulación del mercado abierto, pero sugiere que son innecesarias para el gasto público.

La MMT sostiene que, en el mercado de deuda pública, el banco central puede lograr mejores efectos monetarios indirectos reduciendo el proceso y el tiempo mediante adquisiciones directas.

Política de tipos de descuento

El tipo de descuento es el tipo al que los bancos piden prestado dinero al banco central. Modificando el tipo de descuento, el banco central puede influir en el coste de los préstamos y en la oferta monetaria.

Cuando el tipo de descuento es bajo, los préstamos son más baratos y hay más dinero disponible para prestar, lo que puede estimular la economía.

La TMM no se centra en los tipos de interés como herramienta para controlar la economía. En cambio, hace hincapié en el papel del gasto público en la creación de empleo y la estimulación de la actividad económica.

La MMT sostiene que los gobiernos pueden crear puestos de trabajo directamente, en lugar de depender del sector privado, para garantizar que todo el que quiera un empleo lo tenga.

Política de tipos de interés

La política de tipos de interés se refiere a la fijación de los tipos de interés por parte de los bancos centrales para influir en la oferta y la demanda de crédito en una economía.

Unos tipos de interés más bajos pueden estimular el crecimiento económico al fomentar el endeudamiento y la inversión. Por el contrario, unos tipos de interés más altos pueden desincentivar el endeudamiento y la inversión y ayudar a controlar la inflación.

La MMT adopta un enfoque diferente de los tipos de interés, argumentando que no son el motor principal de la actividad económica.

En su lugar, la MMT sostiene que el gasto público es la clave para mantener el pleno empleo y unos precios estables. Los tipos de interés se consideran una herramienta que puede utilizarse para gestionar los costes de endeudamiento, no un mecanismo primario para controlar la inflación o fomentar el crecimiento.

La TMM y las medidas tradicionales de política monetaria difieren en su enfoque y sus objetivos. Mientras que las herramientas tradicionales de política monetaria se centran en la gestión de la oferta monetaria y los tipos de interés para estabilizar la economía, la TMM hace hincapié en el papel del gasto fiscal público en la creación de empleo y el estímulo de la actividad económica.

## Surge la primera empresa

Durante casi tres siglos, desde principios del siglo XV hasta mediados del XVIII, los barcos europeos recorrieron el mundo, trazando rutas, explorando y comerciando, un periodo conocido como la Era de las Exploraciones.

Artículos como la porcelana de China y las especias de la India eran mercancías populares con rendimientos superiores al 10.000%, pero el control del Imperio Otomano sobre Oriente Próximo en el siglo XVI dificultó el comercio por tierra, por lo que los comerciantes se volcaron al mar.

Durante esta época, ingleses y holandeses compitieron por los derechos marítimos: los ingleses derrotaron a la Armada española en 1588 y establecieron el monopolio del mar, mientras que los holandeses libraron una guerra de independencia contra España que duró 80 años y comenzó en 1566 por la supresión del protestantismo.

Incluso durante la Guerra de la Independencia, los mercaderes holandeses fueron pioneros en las rutas, incluido el establecimiento de la ruta marítima de Indonesia en 1595, y establecieron el comercio de especias, la mercancía comercial más importante de la época.

Especialmente en los siglos XVI y XVII, las naciones europeas expandían sus territorios y establecían colonias por todo el mundo. Para financiar estos proyectos, los proponían a inversores privados y les prometían una parte de los beneficios.

Estos inversores solían organizarse en forma de sociedades anónimas que les permitían compartir los riesgos y beneficios de la inversión.

La Compañía Británica de las Indias Orientales (EIC) se fundó en 1600, dos años antes que la Compañía Holandesa de las Indias Orientales (VOC, Verenig de

Oostindische Compagnie), y la reina Isabel I le concedió el monopolio comercial de las Indias Orientales.

Sin embargo, la EIC no emitía acciones al público y era mucho más pequeña que la VOC. A diferencia de la VOC, la EIC no tenía el monopolio del comercio en Asia. No obstante, la EIC desempeñó un papel importante en la expansión del Imperio Británico y contribuyó a la colonización de la India.

La financiación inicial de la EIC se realizaba una sola vez, recaudando dinero cada vez que zarpaba un barco, vendiendo mercancías de ultramar y distribuyendo los beneficios a los inversores en proporción a su inversión. Si el barco no regresaba sano y salvo, se liquidaba sin dividendos.

Esta estructura de inversión era arriesgada y dificultaba la existencia de la empresa como negocio en marcha. La Compañía Holandesa de las Indias Orientales, conocida como Verenig de Oostindische Compagnie (VOC), se fundó en los Países Bajos en 1602 y fue la primera empresa en emitir acciones al público en general.

La VOC se dio cuenta de que no podría sobrevivir como empresa en funcionamiento con la misma estructura de financiación que la EIC. Buscaron formas de repartir el riesgo y permitir a los inversores invertir menos dinero, lo que condujo al desarrollo de las acciones.

En 1606, la Compañía Holandesa de las Indias Orientales (VOC) emitió recibos de acciones que demostraban cuánto había invertido un inversor en la compañía, lo que evolucionó hacia la propiedad de acciones. La VOC monopolizó el comercio entre los Países Bajos y Asia y dominó el comercio de especias en los siglos XVII y XVIII.

El gobierno holandés le concedió amplios poderes para hacer la guerra, negociar tratados y establecer colonias.

La diferencia entre las dos compañías es el contexto político y económico en el que se fundaron. Los Países Bajos eran una república, lo que significaba que el poder estaba descentralizado, y existía una tradición empresarial y comercial.

Además, en lugar de tener una aristocracia feudal en una región feudalizada como España, el nuevo país independiente tenía un bajo porcentaje de aristócratas y un gran número de comerciantes dedicados al comercio de ultramar, lo que creó una cultura empresarial basada en el mercantilismo.

Esto permitió la aparición de instituciones creativas como la sociedad anónima.

Por el contrario, Inglaterra era una monarquía con un gobierno más centralizado y un sector comercial menos desarrollado.

Mientras que el gobierno holandés apoyaba a las VOC y les otorgaba un poder considerable, el gobierno inglés se mostraba más cauto a la hora de otorgar poderes a las empresas privadas.

En 1609 se autorizó la venta de acciones a otros inversores y se estableció la primera bolsa de valores en Ámsterdam para facilitar el comercio de acciones de la VOC.

Se dice que diecisiete de los inversores de VOC, incluido su fundador Dirk Vass, ganaron más de 80 veces su inversión. Durante la Tulipmanía, especialmente en los Países Bajos, las acciones de VOC subían y bajaban con el precio de los tulipanes.

Sin embargo, mientras que los tulipanes estaban sobrevalorados en relación con su valor intrínseco y se desplomaron, para nunca recuperar su precio máximo, las acciones de VOC se mantuvieron estables incluso después de que estallara la burbuja de los tulipanes, proporcionando a los inversores beneficios y dividendos constantes.

La bolsa permitía a los inversores comprar y vender acciones de la empresa, lo que daba liquidez a las acciones y contribuía a aumentar su valor.

El éxito de la VOC y el establecimiento de la bolsa contribuyeron al desarrollo de Ámsterdam como centro financiero.

Sin embargo, a finales del siglo XVIII, cuando la VOC empezó a decaer internamente y los Países Bajos empezaron a perder sus derechos de catástrofe debido a la competencia de otras potencias europeas, empezó a decaer debido a la disminución de sus beneficios.

Finalmente, la VOC se disolvió en 1800, poniendo fin a su larga vida de 200 años.

En Estados Unidos, los bancos y las empresas de transporte empezaron a surgir como corporaciones a finales del siglo XVIII y principios del XIX.

El auge de las corporaciones se debió en gran medida al crecimiento económico de Estados Unidos y a la necesidad de infraestructuras financieras y de transporte. Los bancos y las empresas de transporte surgieron primero porque eran necesarios para la expansión del comercio.

Sin embargo, hasta finales del siglo XIX no se estableció en Estados Unidos un marco jurídico para las sociedades anónimas.

Este marco legal proporcionó a las corporaciones responsabilidad limitada y otras protecciones legales, permitiendo a los empresarios iniciar y hacer crecer sus negocios sin miedo a la ruina financiera personal.

Una de las leyes más importantes que otorgó a las empresas responsabilidad limitada y otras protecciones legales fue la Ley de Responsabilidad Limitada de 1855.

Esta ley permitió la formación de sociedades de responsabilidad limitada (SRL).

Las LLC otorgaban responsabilidad limitada a sus propietarios, lo que significaba que éstos sólo eran responsables de las deudas de la empresa hasta la cantidad que habían invertido.

Esta protección permitía a los empresarios asumir riesgos sin poner en peligro su patrimonio personal.

Otra ley importante que protegía legalmente a las empresas era la Sherman Antitrust Act de 1890. Su objetivo era impedir los monopolios y promover la competencia en el mercado.

Prohibía ciertas prácticas empresariales, como la fijación de precios y los acuerdos para dividir los mercados entre competidores. La Ley de Valores de 1933 y la Ley de Intercambio de Valores de 1934 también desempeñaron un papel importante en la creación de protecciones legales para las empresas.

Estas leyes obligaban a las empresas a revelar cierta información financiera a los inversores y proporcionaban otras protecciones, como el derecho a demandar por fraude de valores.

La primera sociedad anónima de Corea fue el Banco Chosun (cerrado en 1901), fundado en 1896. Le siguieron la Bukhara Railroad Company en 1898, el Korea Cheon Il Bank y la Korea Railroad Company en 1899, y otras instituciones financieras como el Hansung Agricultural and Industrial Bank en 1906 y la Dongyang Chuksik Corporation en 1908.

# Moneda y patrón oro

El concepto de dinero se remonta a civilizaciones antiguas como Mesopotamia y Egipto, donde la gente utilizaba materias primas como el oro y la plata como medio de intercambio.

Con el tiempo, a medida que las sociedades se hicieron más complejas, se intentó estandarizar la moneda y los gobiernos empezaron a emitir papel moneda respaldado por metales preciosos como el oro y la plata.

Sin embargo, la moneda utilizada para el intercambio y el comercio fue sustituida por diversos objetos. Un ejemplo es el uso de la sal como moneda.

En la antigüedad, la sal era un producto muy valioso porque se utilizaba no sólo para condimentar, sino también para conservar los alimentos. De hecho, la palabra "salario" procede del latín salarium, que originalmente se refería a la cantidad de dinero que se pagaba a los soldados romanos para comprar sal.

En algunas partes del mundo, la sal se ha utilizado como moneda durante siglos. En África Occidental, las grandes barras de sal llamadas amoles se utilizaban como medio de intercambio, y en el Tíbet, la sal se intercambiaba por bienes como té y caballos.

Otro ejemplo de uso de bienes en lugar de dinero es el sistema de trueque. En un sistema de trueque, los bienes o servicios se intercambian directamente por otros bienes o servicios sin utilizar dinero.

Por ejemplo, un granjero puede cambiar una vaca por un caballo, o un panadero puede cambiar pan por leche. El trueque era habitual en muchas sociedades antiguas y todavía se utiliza en algunas partes del mundo.

Un ejemplo del uso de metales como moneda es Lidia, situada en el actual Turkestán occidental. Alrededor del año 650 a.C. utilizó por primera vez monedas de oro y plata. Estas monedas eran valiosas, portátiles y estandarizadas, lo que las convertía en un cómodo medio de intercambio.

Mesopotamia, en lo que hoy es Irak, utilizó un sistema métrico para facilitar el comercio alrededor del 3.000 a.C..
Utilizaban anillos de plata como forma de moneda que podía pesarse y verificarse.
Los antiguos griegos utilizaron diversas monedas a lo largo de los siglos, incluidas monedas metálicas como las de oro, plata y bronce, que se empleaban no sólo para el comercio sino también para pagar impuestos y otras deudas.

Las primeras monedas griegas estaban hechas de electrum (oro verde), una aleación natural de oro y plata, y se utilizaron alrededor del siglo VII a.C..
Con el tiempo, los griegos empezaron a acuñar monedas con imágenes de dioses, héroes y animales, que se hicieron más elaboradas y detalladas con el paso de los siglos.

Las monedas griegas se utilizaron ampliamente en todo el Mediterráneo y fuera de él, y desempeñaron un papel importante en el crecimiento del comercio de la antigua Grecia.

El uso de monedas permitió un comercio y un crecimiento económico eficientes, que contribuyeron a impulsar los logros culturales e intelectuales de la antigua Grecia.

El oro se utilizó como moneda desde el principio por muchas razones, una de las principales es que es un metal raro y precioso, lo que lo hace valioso y deseable como medio de intercambio.

También era práctico y conveniente porque era duradero, fácilmente desmontable y transportable.

El oro no se corroe ni se empaña, y es fácilmente identificable y distinguible de otros metales, lo que dificulta su falsificación. La escasez y el atractivo del oro hacen que conserve su valor a lo largo del tiempo, lo que lo convierte en un medio de cambio estable.

El uso del oro como moneda se remonta a miles de años atrás y fue utilizado por muchas civilizaciones antiguas, como la egipcia, la griega y la romana. En los tiempos modernos, el oro se ha utilizado como patrón para el cambio internacional de divisas, con el valor de otras monedas vinculado al valor del oro.

Es lo que se conoce como patrón oro, según el cual las monedas de papel podían canjearse por una cantidad fija de oro.

El patrón oro se introdujo por primera vez en el siglo XIX y se convirtió en el sistema monetario dominante en todo el mundo hasta 1971, cuando el Presidente Nixon de Estados Unidos anunció oficialmente el fin del patrón oro.

A continuación se indica cuándo adoptaron el patrón oro los principales países.

El Reino Unido

El patrón oro se introdujo por primera vez en el Reino Unido en 1816 debido a la inestabilidad económica y la inflación causadas por las guerras napoleónicas.

La libra esterlina se vinculó al oro a razón de 4,25 libras por onza de oro, y la introducción del patrón oro ayudó a estabilizar la economía británica y a consolidar la posición del país como potencia económica y financiera.

Estados Unidos

Estados Unidos adoptó oficialmente el patrón oro en 1900, tras décadas de debate y experimentación con otros sistemas monetarios.

El valor del dólar estadounidense se vinculó al oro a razón de 20,67 dólares por onza de oro, y el patrón oro ayudó a establecer el dólar estadounidense como moneda estable y fiable, contribuyendo al crecimiento de la economía estadounidense a principios del siglo XX.

Alemania

Alemania adoptó el patrón oro en 1871 tras la unificación. El marco alemán se vinculó al oro a razón de 2.790 marcos por kilogramo de oro. La introducción de este sistema ayudó a estabilizar la economía alemana y a establecer a Alemania como una gran potencia económica en Europa.

## Francia

Francia adoptó el patrón oro en 1878 tras décadas de experimentación con otros sistemas monetarios. El franco francés se vinculó al oro a razón de 1.550 francos por kilogramo de oro. El patrón oro contribuyó a estabilizar la economía francesa y a consolidar la posición de Francia como gran centro financiero.

## Japón

Japón adoptó el patrón oro en 1897, tras décadas de agitación económica y política. El yen japonés se vinculó al oro a razón de 2,48 libras por gramo de oro. Esto ayudó a estabilizar la economía japonesa y a establecer el yen como una moneda estable y fiable.

Los defensores del patrón oro argumentaban que proporcionaba un sistema monetario estable y predecible porque el valor de una moneda estaba vinculado a una cantidad fija de oro.

Esto evitaba que los gobiernos imprimieran demasiado dinero y causaran inflación. Además, el patrón oro facilitaba el comercio internacional porque los países podían intercambiar monedas con la confianza de que mantendrían un valor estable.

El primer patrón oro y los intercambios monetarios se basaban en un tipo de cambio fijo entre el oro y el papel moneda. Bajo el patrón oro, el valor del papel moneda estaba directamente vinculado al valor del oro, lo que significaba que el papel moneda podía convertirse en una cantidad fija de oro a un precio establecido.

Por ejemplo, si un país tenía un patrón oro y fijaba el precio del oro en 20 dólares la onza, el papel moneda podía cambiarse por oro basándose en ese tipo de cambio fijo. Esto significaba que la cantidad de papel moneda en circulación estaba limitada por la cantidad de oro que poseía el banco central del país.

El uso del patrón oro ayudó a garantizar la estabilidad y previsibilidad del sistema monetario, ya que proporcionaba un activo tangible y universalmente reconocido para respaldar el valor del papel moneda.

Sin embargo, el patrón oro también tenía sus limitaciones. La oferta de oro era limitada, lo que significaba que la oferta monetaria también lo era, lo que podía limitar el crecimiento económico. Además, los tipos de cambio fijos del patrón oro dificultaban la respuesta de los gobiernos a las cambiantes condiciones económicas.

El patrón oro empezó a declinar a principios del siglo XX y fue abandonado oficialmente por Estados Unidos en 1971.

El proceso de abandono del patrón oro fue gradual, y los distintos países adoptaron enfoques diferentes.

Algunos países, como Estados Unidos, abandonaron el patrón oro gradualmente a lo largo de varios años, mientras que otros, como el Reino Unido, lo hicieron de forma más abrupta.

Tras gastar demasiado en la Primera Guerra Mundial, Gran Bretaña y Francia abandonaron temporalmente el patrón oro y aumentaron la cantidad de su moneda para pagar la guerra.

Una vez finalizada la guerra, se prepararon para volver al patrón oro cuando la relajación monetaria en tiempos de guerra provocó inestabilidad económica, incluida la inflación.

Sin embargo, la inflación y la depreciación de su moneda, la libra, significaron que cuando Gran Bretaña volvió al patrón oro en 1925, el tipo de cambio de 4,86 dólares por libra estaba sobrevalorado en términos de la libra. Por lo tanto, fue necesario aumentar el valor de la libra para mantener el patrón oro.

El gobierno británico necesitaba subir los tipos de interés para reducir la oferta de libras en circulación y atraer de nuevo el oro al país.

Luego, con la cooperación del gobierno de Estados Unidos, consiguieron que este país bajara los tipos de interés, lo que permitió que el oro fluyera hacia el Reino Unido desde Estados Unidos y provocó la apreciación del valor de la libra esterlina frente al dólar estadounidense.

El gobierno británico también introdujo medidas de austeridad para reducir el gasto público y equilibrar el presupuesto. Esto se hizo para crear un superávit en la balanza de pagos, reducir la oferta de dinero en circulación y permitir al gobierno aumentar sus reservas de oro.

Sin embargo, la sobrevaloración de la libra hizo que las exportaciones británicas fueran más caras en otros países, lo que provocó un descenso de las exportaciones británicas, y la actividad económica se estancó como consecuencia de la reducción de la oferta monetaria y de la Gran Depresión que asolaba el mundo en aquel momento.

Además, el sistema de tipo de cambio fijo de la época dificultaba al gobierno la aplicación de una política monetaria independiente, lo que limitaba su capacidad para responder a las cambiantes condiciones económicas. Estos factores llevaron finalmente a Gran Bretaña a abandonar el patrón oro en 1931.

Francia abandonó el patrón oro durante la Primera Guerra Mundial debido a la necesidad de financiar la guerra. El gobierno francés tuvo que pedir prestado mucho dinero para financiar la guerra, lo que provocó inflación y una caída del valor de su moneda, el franco.

Para restaurar la confianza en el franco y estabilizar su precio, el gobierno francés adoptó en 1926 una política de vinculación del franco al valor del oro, conocida como la política del "franco oro".

En virtud de esta política, el tipo de cambio del franco se fijó en 0,134 francos por dólar estadounidense, lo que equivale a 0,017 gramos de oro por franco.

Esto representaba una devaluación significativa del franco con respecto al tipo de cambio anterior a la Primera Guerra Mundial de 0,2903 gramos de oro por franco. La devaluación del franco frente al oro fue de aproximadamente el 94%.

La política del "franco oro" consiguió estabilizar la economía francesa y restaurar la confianza en el franco. La devaluación del 94% del franco también hizo más competitivas las exportaciones francesas, lo que contribuyó a un superávit comercial y a la acumulación de reservas de oro.

A finales de 1928, las reservas de oro de Francia habían crecido hasta los 7.500 millones de francos, más del 60% del total de las reservas de oro de todos los bancos centrales del mundo.

Sin embargo, esta política también creó tensiones con otros países del sistema monetario internacional, especialmente con Estados Unidos.

En aquel momento, Estados Unidos estaba experimentando un auge económico y estaba importando más de lo que exportaba, lo que provocaba un déficit comercial. Este fue el caso de Estados Unidos y Japón durante el Acuerdo del Plaza, cuando la devaluación japonesa amplió el déficit comercial estadounidense.

Sin embargo, las reparaciones de guerra que Alemania, vencedora de la Primera Guerra Mundial, debía a Francia no llegaron, y Estados Unidos y el Reino Unido cooperaron en materia de tipos de interés, estableciendo tipos de interés bajos en Estados Unidos y altos en el Reino Unido, lo que provocó que el oro estadounidense se trasladara al Reino Unido y que Francia tuviera dificultades para conseguir oro.

Estos factores acabaron provocando una escasez de reservas de oro y la devaluación del franco en 1936. En particular, la Gran Depresión que comenzó en 1929 llevó al abandono del patrón oro en la década de 1930 porque se creía que las restricciones a la oferta monetaria impuestas por el patrón oro contribuían a la gravedad de la crisis.

Para rectificar este caótico orden monetario internacional, que supuso el abandono y el retorno del patrón oro, se celebró una conferencia en Bretton Woods, New Hampshire, EE.UU., en 1944, cerca del final de la Segunda Guerra Mundial, en la que se diseñó el sistema de Bretton Woods.

El objetivo de la conferencia era crear un nuevo sistema monetario internacional que promoviera la estabilidad y el crecimiento económicos regulando los tipos de cambio y proporcionando un marco para el comercio y la inversión internacionales. Con el sistema de Bretton Woods, se eligió el dólar estadounidense como moneda de reserva mundial, y otras divisas se vincularon al dólar estadounidense a un tipo de cambio fijo.

El dólar estadounidense se vinculó al oro a un tipo fijo de 35 dólares por onza, y los países distintos de Estados Unidos vincularon sus monedas al dólar estadounidense.

Este sistema se diseñó para proporcionar estabilidad a los tipos de cambio y limitar la inflación, ya que la oferta de divisas estaba vinculada a las reservas de oro de un país.

En última instancia, el sistema de Bretton Woods pretendía corregir el orden monetario internacional vinculando el oro al dólar en el marco del patrón oro y las monedas de todos los países, excepto Estados Unidos, al dólar.

Este sistema se mantuvo hasta que el Presidente Nixon abandonó el patrón oro en 1971, y sirvió para mantener un orden monetario mundial eficaz.

Sin embargo, debido al destacado papel del dólar en el sistema de Bretton Woods, fue difícil mantener el sistema cuando el dólar se sobreutilizó.

Los costes excesivos de la guerra de Estados Unidos en Vietnam suscitaron inquietud sobre el dólar estadounidense, y en 1971 Estados Unidos abandonó el patrón oro del sistema de Bretton Woods.

El abandono estadounidense del patrón oro fue un proceso gradual que se desarrolló a lo largo de varias décadas.

En 1933, el Presidente Franklin Roosevelt emitió una orden ejecutiva por la que se exigía a todos los estadounidenses que entregaran a la Reserva Federal monedas, lingotes y certificados de oro a cambio de papel moneda.

Esta medida ilegalizó la posesión de oro por parte de los particulares y ayudó al gobierno a aumentar sus reservas de oro.

En 1934, el Congreso aprobó la Ley de la Reserva de Oro, que autorizaba al gobierno a fijar el precio del oro y a emitir papel moneda que no estuviera respaldado por oro.

Esto fue bastante controvertido porque permitía al gobierno aumentar la oferta monetaria sin incrementar sus reservas de oro.

En 1944, Estados Unidos asistió a la Conferencia de Bretton Woods para establecer un nuevo sistema monetario mundial basado en el dólar estadounidense.

En este sistema de Bretton Woods, el valor del dólar estadounidense se vinculó al oro a razón de 35 dólares por onza de oro, y otras monedas se vincularon al dólar estadounidense.

En 1971, Estados Unidos se enfrentaba a una prolongada guerra de Vietnam, que provocó un aumento de la impresión de dólares estadounidenses y déficits públicos que condujeron a la inflación y a un descenso del valor del dólar estadounidense.

Al mismo tiempo, Estados Unidos registraba un gran déficit comercial y, bajo el patrón oro, los inversores extranjeros exigían que los dólares se cambiaran por oro estadounidense. Estados Unidos cambió dólares por oro y exportó oro en grandes cantidades.

A medida que las reservas de oro del gobierno estadounidense empezaron a disminuir, creció la preocupación entre los gobiernos e inversores extranjeros de que Estados Unidos no pudiera cumplir su promesa de cambiar dólares por oro a un tipo fijo de 35 dólares por onza.

Además, muchos economistas y responsables políticos empezaron a cuestionar la utilidad del patrón oro como medio de regular la economía mundial.

Algunos argumentaban que el tipo de cambio fijo entre el oro y el papel moneda era demasiado rígido e impedía a los gobiernos aplicar políticas monetarias que podrían ayudar a estabilizar sus economías.

Finalmente, en agosto de 1971, el presidente estadounidense Richard Nixon anunció que Estados Unidos dejaría de cumplir su compromiso de cambiar dólares estadounidenses por oro a un tipo fijo de 35 dólares por onza.

Esta medida puso fin al sistema de Bretton Woods que había estado en vigor desde el final de la Segunda Guerra Mundial y marcó una importante transición hacia las monedas fiduciarias.

Desde entonces, el valor del dólar estadounidense y de otras divisas viene determinado por las fuerzas del mercado y la confianza de los inversores en el gobierno emisor. El impacto del abandono del patrón oro fue profundo.

A corto plazo, el valor del dólar estadounidense cayó bruscamente, ya que los inversores se apresuraron a vender sus dólares a cambio de otras divisas y bienes.

A largo plazo, el abandono del patrón oro permitió al gobierno estadounidense una mayor flexibilidad en la gestión de la economía porque ya no estaba vinculado a un tipo de cambio fijo respaldado por el oro.

Una vez que Estados Unidos decidió abandonar el patrón oro, otros países siguieron su ejemplo.

El tipo de cambio y los problemas comerciales con Estados Unidos provocaron un alejamiento del oro en favor del dólar, y la aceptación del dólar por los países productores de petróleo, como Arabia Saudí, desempeñó un papel importante en este cambio.

Una sociedad en la que las actividades económicas se llevan a cabo únicamente mediante moneda emitida por el gobierno, no vinculada al oro ni a la plata, ha sido durante mucho tiempo el ideal de los gobiernos.

Los gobiernos establecieron bancos centrales para emitir dinero y querían crear una oferta ilimitada de dinero.

Sin embargo, no fue posible implantar un sistema totalmente respaldado por oro o plata (sistema monetario moderno que no es canjeable por dinero) porque la gente de la economía no reconocía el valor de los billetes de papel o las monedas de cobre que no estaban respaldados por nada de valor como el oro o la plata.

Debido a los problemas de confianza en los gobiernos y los bancos centrales, y a los efectos negativos de la emisión excesiva de dinero que no estaba vinculado al oro, como la depreciación y la inflación cuando los costes se disparaban debido a la guerra, las políticas de convertibilidad del oro y la plata se mantuvieron durante mucho tiempo a pesar del deseo de los gobiernos de abandonarlas.

Históricamente, ha habido casos de abandono temporal del patrón oro y de uso de billetes verdes para pagar gastos de guerra excesivos o para resolver problemas de deuda nacional, como el abandono temporal del patrón oro y el uso de billetes verdes por parte de Lincoln, y la emisión de billetes no canjeables por parte de la Banque Royale, el banco central francés, por parte de John Law, pero el proceso de vuelta al patrón oro siempre ha sido gradual.

Así, el anuncio del Presidente Nixon en 1971 de que abandonaría el patrón oro y la convertibilidad del oro e introduciría un sistema monetario respaldado únicamente por el crédito del gobierno fue un acontecimiento importante en la historia económica de la humanidad.

El poder económico de Estados Unidos creció hasta el punto de que el dólar fue reconocido como la moneda de reserva mundial, lo que significa que el dólar fue reconocido como un medio de cambio tan valioso como el oro o la plata.

Sin embargo, existía la preocupación de que el estatus del dólar como moneda de reserva aumentara la probabilidad de que la crisis económica de Estados Unidos se contagiara al resto del mundo.

El famoso economista Keynes estaba preocupado por ello y abogaba por una moneda mundial independiente.

Sin embargo, la abolición del patrón oro no detuvo la avalancha de dinero fiduciario, y evitar la inflación cíclica se convirtió en una prioridad para los gobiernos de todo el mundo.

Debido a la naturaleza del oro como recurso escaso, la oferta monetaria era limitada bajo el patrón oro, lo que tenía el efecto de suprimir la inflación e incluso desencadenar la deflación.

Como resultado, la idea de aumentar la oferta de dinero mediante la aplicación de un patrón plata, o un sistema que combina el patrón oro con una reserva relativamente grande de plata, ha sido una sugerencia perenne de los funcionarios del gobierno en tiempos de guerra y otros gastos costosos.

Históricamente, sin embargo, ha habido muchos casos en los que las guerras han provocado un exceso de oferta de moneda o burbujas causadas por la especulación sobre recursos escasos, por lo que el patrón oro ha sido durante mucho tiempo una moneda de reserva incondicional.

Sin embargo, el patrón oro ha sido abandonado, y el papel de unas políticas monetarias y de tipos de interés cuidadosas y microprudenciales y de las autoridades supervisoras se ha convertido en crucial para superar sus efectos adversos.

El impacto del fin del patrón oro sigue siendo debatido hoy en día por los economistas.

Algunos sostienen que el paso a las monedas fiduciarias ha contribuido a una mayor estabilidad financiera y crecimiento económico, mientras que otros sostienen que ha aumentado la volatilidad y la incertidumbre en la economía mundial.

# Conflicto por la adopción de los patrones oro y plata en China

China practicó tradicionalmente un sistema monetario basado en el patrón plata, muy extendido durante siglos y también muy utilizado en otras partes de Asia.

El patrón plata se basaba en un tipo de cambio fijo entre la plata y el papel moneda. En China, el tael de plata era la unidad monetaria estándar, y un tael (unos 50 gramos en la moneda china de 1959) equivalía a una cantidad fija de billetes.

El tipo de cambio entre las monedas de plata y el papel moneda lo fijaba el gobierno y, en general, era estable y predecible.

Las ventajas de utilizar la plata como moneda son que se separa más fácilmente que el oro, lo que la hace conveniente para transacciones pequeñas; es más abundante que el oro en cantidad, lo que la hace más barata y accesible; y es más fácil de medir y pesar, lo que facilita la determinación de su valor.

En el lado negativo, la plata es menos duradera que el oro y puede corroerse con el tiempo; es más pesada que el oro, lo que la hace incómoda de transportar y comerciar; y al ser más abundante que el oro, su valor puede ser más susceptible a la inflación y a las fluctuaciones de precios.

Debido a estas características, el patrón plata podía aplicarse utilizando prácticas básicas de contabilidad y teneduría de libros, y ayudó a muchas personas a emprender una actividad económica.

A finales del siglo XIX, China se enfrentaba a importantes retos económicos y políticos, como la decadencia de la dinastía Qing, el auge del imperialismo occidental y la afluencia de mercancías y divisas extranjeras, y se debatía entre el patrón oro favorecido por las potencias occidentales y el patrón plata tradicional.

En aquella época, China era un gran productor de plata, y el país tenía una larga historia de uso de la plata como moneda. Muchos funcionarios chinos creían que la adopción de un patrón oro sería desventajosa para China porque provocaría un descenso del precio de la plata y una pérdida de competitividad en el comercio internacional.

China también se enfrentaba a la presión de las potencias occidentales para que adoptara el patrón oro como parte de una política de reforma económica y política.

Algunos funcionarios chinos consideraban la adopción del patrón oro como una forma de imperialismo occidental y creían que socavaba la soberanía y la independencia económica de China.

Además, el patrón oro requería un sistema bancario y financiero avanzado, del que China carecía en aquel momento.

Muchos funcionarios chinos creían que adoptar el patrón oro sería difícil y costoso, ya que requeriría importantes inversiones en nuevas infraestructuras y tecnología, y preferían seguir con el patrón plata antes que con el patrón oro.

El conflicto entre los patrones oro y plata alcanzó su punto álgido a principios del siglo XX, cuando China se vio obligada a pedir grandes préstamos a potencias extranjeras para financiar su modernización militar y económica.

La crisis de la deuda y la inestabilidad política resultantes continuaron tras la caída de la dinastía Qing y el establecimiento de la República de China en 1912.

En 1935, un desplome mundial del precio de la plata provocó una importante inflación e inestabilidad monetaria en China. En respuesta, el gobierno chino abandonó oficialmente el patrón plata e introdujo una nueva moneda, el yuan.

Sin embargo, como la inflación y la inestabilidad económica continuaban, el gobierno chino experimentó con el patrón oro. En 1935, el gobierno chino creó el Banco Central de China y anunció que empezaría a utilizar el oro como activo de reserva para respaldar el valor del yuan.

El yuan se cambiaba por oro a un tipo fijo, y el banco central se encargaba de almacenar oro para respaldar la moneda.

Aunque el experimento del patrón oro logró estabilizar el yuan y restablecer la confianza, la falta de infraestructuras y recursos para sostener un sistema monetario basado en el oro hizo que el experimento fracasara, y en 1936 China abandonó el patrón oro y volvió al patrón plata.

Varios factores contribuyeron al fracaso del experimento del patrón oro, entre ellos
1. Reservas de oro insuficientes
China no tenía suficiente oro para respaldar el yuan, y el gobierno fue incapaz de asegurar suficiente oro para respaldar el valor del yuan.

2. Falta de apoyo internacional
El clima económico y político mundial de la década de 1930 no era favorable al patrón oro, y China luchó por encontrar el apoyo de otros países a su política monetaria.

3. Sistema bancario débil

El sistema bancario chino estaba poco desarrollado y carecía de los recursos y la infraestructura necesarios para sostener un sistema monetario basado en el oro.

Después de que el Partido Comunista Chino ganara la Guerra Civil Nacionalista en 1949, China experimentó cambios significativos en su sistema monetario.

El nuevo gobierno comunista pretendía establecer una economía de planificación centralizada, lo que requería un sistema monetario altamente centralizado.

Para ello fue necesario abolir el patrón plata y las reformas monetarias que se habían aplicado hasta entonces.

En 1955, el Banco Popular de China emitió una nueva moneda, el renminbi, para sustituir al antiguo yuan. El renminbi se emitió inicialmente en billetes de 1 pen a 1.000 yuanes.

A partir de ese momento, la nueva moneda se apartó del patrón plata y se convirtió en una moneda fiduciaria, lo que significaba que su valor se mantenía y no fluctuaba con el precio de ciertas materias primas. El gobierno chino pudo ejercer un mayor control sobre la oferta monetaria y utilizar la política monetaria para gestionar la economía.

En 1955, el gobierno chino también revaluó su moneda, fijando el tipo de cambio frente al dólar estadounidense en 2,46 yuanes. Esto supuso un aumento significativo del valor del yuan y ayudó a estabilizar la moneda y a restablecer la confianza en el sistema monetario del país.

En 1957, el gobierno chino empezó a retirar progresivamente las monedas de plata, sustituyéndolas por monedas de aleación de cobre y níquel.

Esto ayudó a desvincular la moneda del patrón plata y a reducir la dependencia del país de la plata como mercancía.

En general, el proceso de abolición del patrón plata en China fue una política del Partido Comunista Chino para modernizar y centralizar la economía china.

Ayudó a crear un sistema monetario más estable y controlable al alejarse del patrón plata.

# El conflicto entre los patrones oro y plata en Estados Unidos, y el Mago de Oz

Durante la Guerra Revolucionaria Americana, el gobierno independiente emitió moneda para pagar la guerra, pero quedó obsoleta debido a la falta de confianza en el gobierno y utilizó oficialmente un sistema de lingotes de oro y plata.

Después, en 1834, tras fracasar el primer y segundo intento de establecer y estabilizar un banco central, el Congreso de EE.UU. cambió la proporción de oro y plata de 1:15 a 1:16, y el oro se convirtió en el principal medio de moneda.

Aunque el Presidente Lincoln abolió brevemente el patrón oro y utilizó una moneda fiduciaria llamada "billetes verdes" para recaudar fondos para la Guerra de Secesión, después de ésta, el patrón oro y el patrón plata coexistieron en paralelo.

Sin embargo, el conflicto entre los patrones oro y plata en Estados Unidos fue un importante problema económico y político a finales del siglo XIX.
La cuestión del valor relativo y el tipo de cambio del oro y la plata fue un importante punto de discordia.
Los defensores del patrón oro sostenían que el oro era más estable y fiable que la plata, y que debía ser el patrón principal de las monedas nacionales.

También creían que utilizar demasiada plata para respaldar una moneda podía provocar inflación e inestabilidad económica.
Por otro lado, los defensores del patrón plata argumentaban que la plata era más abundante y accesible que el oro y que debía utilizarse más ampliamente para respaldar la moneda de una nación.

También creían que utilizar más plata ayudaría a estimular el crecimiento económico y reduciría el poder de las élites ricas para controlar el suministro de oro. A finales del siglo XIX y principios del XX, Estados Unidos utilizó tanto el oro como la plata como base de su moneda.

El tipo de cambio entre el oro y la plata se fijaba por ley, lo que era bastante controvertido.

Cuando las grandes fluctuaciones en el tipo de cambio entre el oro y la plata y la incertidumbre en el valor de la moneda provocaron inestabilidad e incertidumbre económica, el Congreso de Estados Unidos aprobó la Ley del Patrón Oro de 1873, enfrentándose a una importante oposición de los partidarios del patrón plata.

En 1879, el gobierno de EE.UU. introdujo la Política del Patrón Oro, que pretendía abordar los problemas asociados a la transición al patrón oro. En virtud de esta política, el gobierno acordó comprar grandes cantidades de plata cada mes y emitir certificados de plata que podían utilizarse como moneda de curso legal del mismo modo que los certificados de oro.

En 1900 se aprobó la Ley del Patrón Oro, que convirtió el oro en el único patrón monetario y puso fin al uso de la plata como patrón.

Al disminuir la producción de oro y la oferta de dinero vinculado a él, se produjo una deflación que provocó la caída de los precios, especialmente de los productos agrícolas, lo que llevó a los agricultores a reclamar el retorno del patrón plata.

He aquí un ejemplo de cómo los agricultores y los deudores se vieron perjudicados por los efectos deflacionistas del patrón oro.

Por ejemplo, supongamos que en 1895 un agricultor de trigo de Estados Unidos obtuvo 10.000 dólares de beneficios agrícolas, pagando un préstamo de 4.000 dólares y quedándose con 6.000 dólares en el bolsillo.

Si suponemos que la producción de oro disminuyó en 1896, reduciendo la oferta de dólares bajo el patrón oro, esperaríamos que el valor del dólar aumentara y el precio de los productos agrícolas disminuyera, reduciendo los beneficios agrícolas a 9.000 dólares.

Sin embargo, el préstamo de 4.000 dólares se mantendría sin cambios, y el agricultor tendría unos ingresos netos de 5.000 dólares.

Sin embargo, un sistema monetario paralelo con un patrón plata, aumentando la oferta de plata junto al escaso oro, podría proteger contra la deflación, o podría causar inflación y aumentar la rentabilidad de los productos agrícolas.

El agricultor podría conservar una mayor parte de sus ingresos netos porque la moneda valdría menos y sus beneficios aumentarían, pero su deuda permanecería invariable.

Si no más, al menos puede esperar no tener menos ingresos netos que el año anterior. Por esta razón, los campesinos rechazaron el patrón oro, que provocaba deflación, en favor del bimetalismo, un sistema en el que tanto el patrón oro como el patrón plata son compatibles.

La idea de un patrón plata, que basaría el dinero en la cada vez más abundante plata en lugar del menos abundante oro, se hizo popular entre los agricultores cuyos ingresos habían caído debido a la deflación, y empezaron a aparecer candidatos presidenciales que abogaban por un patrón plata.

En 1896, William Jennings Bryan abogó por un patrón plata durante su campaña presidencial.

Alegando que el patrón oro era una "Cruz de Oro" que oprimía a la humanidad, Bryan abogó por un patrón plata, mientras que otros candidatos presidenciales conservadores se aferraron al patrón oro.

En aquella época, Estados Unidos se regía por el patrón oro, lo que significaba que la moneda del país estaba vinculada a él. Muchas empresas y financieros apoyaban el patrón oro porque creían que mantenía la estabilidad económica y protegía sus intereses.

Bryan, un joven político demócrata de Nebraska, apoyaba el patrón plata y se convirtió en un firme defensor de los intereses de los granjeros y otros trabajadores estadounidenses.

Su famoso discurso de la "Cruz de Oro" en la Convención Nacional Demócrata de 1896 captó la atención de la nación e impulsó su popularidad.

Su famoso discurso de la Cruz de Oro es conocido como una apasionada defensa del bimetalismo, un sistema monetario que permite la libre acuñación de oro y plata.

En el discurso, Bryan argumentaba que el patrón oro adoptado por Estados Unidos en 1873 había creado una espiral deflacionista, perjudicando a los agricultores y otros deudores.

Al restringir la oferta monetaria y vincular el valor del dólar al oro, el gobierno estaba enriqueciendo a sus acreedores a expensas de sus deudores.

La solución a este problema, argumentaba Bryan, era ampliar la oferta monetaria permitiendo la acuñación libre de plata en una proporción fija con respecto al oro.

El discurso de Bryan incluyó la famosa frase "No crucificaréis a la humanidad en una cruz de oro", que se convirtió en un grito de guerra para los defensores del patrón oro.

Sostenía que el patrón oro era una herramienta utilizada por los ricos y poderosos para mantener su dominio económico sobre el resto de la sociedad. Instó al Partido Demócrata a adoptar el patrón oro como forma de promover la justicia económica y la igualdad.

Aunque Bryan no consiguió ganar la nominación presidencial demócrata ese año, su discurso ayudó a popularizar el tema del patrón oro y finalmente allanó el camino para la adopción de la Ley del Patrón Oro de 1900. El discurso es recordado como uno de los más emblemáticos e influyentes de la historia política estadounidense.

A pesar de la oposición de la comunidad empresarial y del Partido Republicano, el mensaje de Bryan caló en muchos estadounidenses, especialmente en los centros agrícolas del Medio Oeste y el Sur.

Realizó una campaña enérgica, recorriendo el país, hablando ante grandes multitudes y movilizando el apoyo popular. Aunque Bryan recibió mucho apoyo de la comunidad empresarial, perdió frente a William McKinley, que disponía de muchos más recursos financieros.

El Mago de Oz es una obra de ficción escrita por William Baum con estos debates políticos como telón de fondo. En El Mago de Oz, Frank Baum utiliza diversos personajes y símbolos para representar los problemas políticos y económicos de la época, incluido el conflicto entre el patrón oro y el patrón plata.

He aquí una breve sinopsis de la trama

Había una niña llamada Dorothy que vivía en una casa solitaria en medio de una inmensa llanura. Un día, un tornado, un gran torbellino, arrastró su casa hasta la tierra de Oz, y Dorothy decidió visitar al Gran Mago de la Ciudad Esmeralda para encontrar el camino de vuelta a casa.

En su camino se encontró con el Espantapájaros, que quería ser listo, el Hombre de Hojalata, que necesitaba un corazón, y el León Cobarde, y juntos fueron a ver al Mago de Oz.

El Mago de Oz accedió a concederles todos sus deseos si lograban derrotar a la Malvada Bruja del Oeste.

Por el camino, fueron atacados por lobos y abejas, pero Dorothy y sus amigos trabajaron juntos para derrotar a la Malvada Bruja del Oeste y regresar a la Ciudad Esmeralda.

El Mago de Oz recompensó al Espantapájaros con un cerebro, al Hombre de Hojalata con un corazón y al León con valor.

Y Dorothy pudo volver a casa sana y salva gracias al tacón de su zapatilla de plata.

『 El Mago de Oz en escena (Fuente: Wikimedia Commons)』

En El Mago de Oz, Oz representa la onza, la unidad de medida para pesar el oro y la plata, Dorothy representa al ciudadano medio estadounidense, y el espantapájaros sin cabeza representa a los granjeros que lucharon bajo el patrón oro.

El hombre de hojalata sin corazón representa a los trabajadores del automóvil que sufrieron bajo el patrón oro, y el león sin coraje representa a los líderes políticos que carecieron de valor para actuar y cambiar el sistema.

El torbellino del Oeste representa la locura por el bimetalismo en el Oeste americano, mientras que el camino de baldosas amarillas por el que camina Dorothy con sus zapatos de plata representa el patrón oro y sus zapatos de plata representan el patrón plata.

Tanto la Bruja Mala del Este como la Bruja Mala del Oeste hacen referencia a las fuerzas políticas que se oponían a la combinación de los dos patrones de oro y plata de la época. Dorothy lleva sus zapatos de plata para ayudar a los campesinos, a los obreros y a otras personas en su viaje para derrotar a las brujas malas.

La bruja buena dice: "Los zapatos de plata que llevas te llevarán por el desierto". Esto es una alusión al tema de que el patrón plata, junto con el patrón oro, sacará al país de esta recesión y deflación.

Bajo el patrón oro, los problemas deflacionarios causados por la falta de producción de oro se resolvieron en cierta medida con el desarrollo de minas de oro en Sudáfrica y Alaska, y se restableció el patrón oro. Permaneció en vigor hasta que el Presidente Nixon abolió el patrón oro en 1971.

# Cómo el dólar se convirtió en moneda de reserva

El proceso por el que el dólar estadounidense se convirtió en moneda de reserva comenzó a finales del siglo XIX y principios del XX, pero se aceleró durante la Primera y la Segunda Guerra Mundial. Estados Unidos se erigió en la potencia económica y militarmente superior en ambas guerras mundiales, y su moneda se utilizó cada vez más en el comercio y las finanzas internacionales.

Durante la Primera Guerra Mundial, Estados Unidos fue uno de los principales acreedores de los Aliados, a los que proporcionó crédito y apoyo financiero para ayudar a sostener el esfuerzo bélico. Esto aumentó el uso del dólar estadounidense en el comercio internacional porque se consideraba un medio de valor estable y fiable.

Después de la Primera Guerra Mundial, Estados Unidos se convirtió en uno de los principales acreedores, ya que países de todo el mundo pidieron prestadas grandes cantidades de dinero a bancos e inversores estadounidenses. Como necesitaban dólares para pagar sus deudas, la demanda de dólares estadounidenses en las finanzas internacionales estaba destinada a aumentar.

Este proceso continuó durante la Segunda Guerra Mundial, cuando Estados Unidos volvió a prestar apoyo financiero y militar a los Aliados y emergió como superpotencia económica y militar tras la guerra. El lugar del dólar estadounidense en el patrón oro se consolidó aún más en la Conferencia de Bretton Woods de 1944, cuando se estableció el valor del dólar como tipo de cambio fijo respaldado por el oro.

Y cuando los programas de ayuda estadounidenses empezaron a funcionar para la recuperación de la guerra, y Estados Unidos se convirtió en el mayor inversor en ayuda europea, ayuda asiática, así como en programas de ayuda mundial, el dólar se convirtió en un suministro global.

El dólar también se utilizaba para pagar el petróleo, y a medida que aumentaba la demanda mundial de petróleo, aumentaba la oferta de dólares, y ninguna otra moneda podía amenazar al dólar.

El dólar estadounidense se ha convertido en la moneda de reserva por las siguientes razones

Fortaleza económica

Estados Unidos emergió de la Primera y Segunda Guerras Mundiales como la primera potencia económica del mundo, y su creciente economía fue capaz de apoyar el uso del dólar estadounidense en el comercio y las finanzas internacionales.

Su abrumador poder económico le convirtió en el mayor donante de los programas de reconstrucción y ayuda de posguerra, haciendo del dólar una moneda mundial.

Estados Unidos también tiene actualmente el mayor déficit comercial del mundo, lo que significa que exportó la mayor cantidad de bienes a Estados Unidos desde países distintos de Estados Unidos, y esos países recibieron dólares a cambio.

Esto crea una situación en la que el dólar es la moneda más circulada y utilizada del mundo.

Estabilidad política

Estados Unidos es reconocido como un país estable y fiable, con instituciones políticas sólidas, un Estado de derecho y un compromiso con el capitalismo. Esto ha hecho del dólar estadounidense una moneda de confianza para las transacciones internacionales.

La estabilidad política es un factor muy importante para una moneda de reserva. Algunos países políticamente inestables han visto fluctuar salvajemente sus tipos de cambio.

En el caso de Estados Unidos, el Congreso tiene la potestad de votar sobre el límite de deuda del gobierno federal, y ha habido casos en los que el gobierno federal ha cerrado debido a conflictos con el Congreso.

Esto provocó una rebaja de la calificación crediticia de Estados Unidos y un aumento de los indicadores de riesgo, como los CDS (Credit Default Swap).

Este es un ejemplo de cómo la inestabilidad política puede afectar a la estabilidad de una moneda.

Poder militar

Estados Unidos se ha convertido en la primera potencia militar del mundo desde la Segunda Guerra Mundial y se ha consolidado como el Estado policial del mundo.

El sistema de Bretton Woods

El sistema de tipo de cambio fijo establecido en la Conferencia de Bretton Woods ayudó a consolidar el papel del dólar estadounidense como moneda de reserva porque proporcionaba un marco estable para el comercio y las finanzas internacionales.

Al fijar el tipo de cambio entre el dólar estadounidense y el oro, así como el tipo de cambio del dólar con las monedas de otros países, el sistema de Bretton Woods reconoció formalmente la condición de moneda de reserva del dólar.

El sistema del petrodólar

El 17 de octubre de 1973, Henry Kissinger pronunció un discurso en un almuerzo del National Press Club en Washington, DC. El discurso se produjo en un momento crucial de la crisis mundial del petróleo, desencadenada por el embargo petrolero contra los países que apoyaron a Israel en la Guerra del Yom Kippur.

En su discurso, Kissinger reconoció la gravedad de la situación y pidió un esfuerzo diplomático global para resolver la crisis. Subrayó la importancia de evitar la confrontación militar en la región y de encontrar una solución pacífica.

Kissinger también señaló la falta de estabilidad económica y política en Oriente Medio como la causa fundamental de la crisis y la necesidad de abordarla.

Propuso una solución a largo plazo en la que Estados Unidos trabajaría con otras naciones industrializadas para proporcionar ayuda económica y apoyo a los países productores de petróleo de la región.

Sin embargo, la parte más importante del discurso de Kissinger fue su propuesta de un nuevo sistema monetario internacional basado en el valor del petróleo. Propuso que el precio del petróleo se calculara en una moneda estable, como el dólar estadounidense, y que los países productores de petróleo invirtieran sus excedentes de ingresos en bancos estadounidenses.

En octubre de 1973, el Secretario de Estado estadounidense Henry Kissinger celebró una serie de reuniones secretas con los dirigentes de los principales países productores de petróleo de Oriente Medio.

Las reuniones estaban motivadas por el embargo de petróleo de la Organización de Países Exportadores de Petróleo (OPEP), impuesto en respuesta al apoyo estadounidense a Israel durante la Guerra del Yom Kippur, la cuarta guerra de Oriente Medio.

En la reunión, Kissinger propuso que los países productores de petróleo pagaran su petróleo en dólares y depositaran sus beneficios excedentes en bancos estadounidenses.

A cambio, Estados Unidos ofrecía proteger militarmente a los países productores de petróleo y garantizar su seguridad frente a amenazas externas, una propuesta que se conoció como el sistema del petrodólar.

Detrás de la propuesta estaba el cálculo estadounidense de que necesitaba mantener el valor del dólar frente a la inflación causada por la guerra de Vietnam y otros factores. En aquella época, el dólar estadounidense era la moneda dominante a escala internacional y se utilizaba para liquidar la mayoría de las transacciones internacionales.

Los dirigentes de los países productores de petróleo reconocieron y aceptaron la propuesta porque supondría una fuente estable de ingresos para sus economías.

El acuerdo de pagar el petróleo en dólares e invertir el excedente de ingresos en bancos estadounidenses era una solución beneficiosa tanto para Estados Unidos como para los países productores de petróleo. Estados Unidos mantuvo su influencia económica y política en Oriente Medio, y los países productores de petróleo obtuvieron una fuente estable de ingresos y acceso a las instituciones financieras estadounidenses.

Los productores de petróleo de Oriente Medio aceptaron la propuesta de Kissinger de un nuevo sistema monetario internacional basado en el valor del petróleo porque les proporcionaba una fuente estable de ingresos y acceso a las instituciones financieras estadounidenses.

Al vincular el precio del petróleo, cuya demanda era mundial, al dólar, Estados Unidos podía garantizar una demanda constante de su moneda e imprimir más dólares sin preocuparse por la inflación.

La decisión de apostar por el sistema del petrodólar tuvo varios efectos.

En primer lugar, reforzó la posición de Estados Unidos como potencia económica y militar mundial.

Al asegurar el sistema de petrodólares, Estados Unidos pudo mantener la estabilidad del sistema financiero mundial y proteger sus intereses en Oriente Medio.

En segundo lugar, el sistema de petrodólares estimuló la economía estadounidense al crear una demanda constante de dólares.

Esta demanda de dólares permitió a Estados Unidos hacer frente a su déficit fiscal y a sus desequilibrios comerciales sin presiones inflacionistas.

En tercer lugar, el sistema del petrodólar también tuvo un gran impacto en los países productores de petróleo de Oriente Medio. Al fijar el precio de su petróleo en dólares y depositar el exceso de beneficios en bancos estadounidenses, estos países se hicieron cada vez más dependientes de Estados Unidos y vulnerables a los cambios en las políticas económicas y políticas estadounidenses.

La situación geopolítica del momento, unida a la crisis energética mundial provocada por el embargo de petróleo de la Organización de Países Exportadores de Petróleo (OPEP), permitió a Kissinger hacer su propuesta, que sentó las bases de un sistema de petrodólares que garantizaría que el dólar estadounidense siguiera siendo la moneda internacional dominante y permitiría a Estados Unidos mantener su influencia económica y política en Oriente Medio.

## Efectos de red

Una vez que el dólar estadounidense fue ampliamente aceptado en las transacciones internacionales, se crearon efectos de red que lo hicieron más atractivo para otros países y empresas, aumentando aún más su uso.

Un ejemplo concreto de efecto de red que aumentó el uso del dólar estadounidense en las transacciones internacionales fue el papel del dólar en los mercados mundiales de materias primas.

Como las materias primas como el petróleo y el oro se cotizan en dólares estadounidenses, los países y las empresas de todo el mundo necesitaban tener dólares para comprarlas.

A medida que más países y empresas empezaron a utilizar el dólar estadounidense para las transacciones de materias primas, otros países y empresas encontraron más atractivo mantener dólares, creando un efecto de red.

Esto, a su vez, incrementó aún más el uso del dólar estadounidense en el comercio y las finanzas mundiales.

Por ejemplo, si un país como Japón quiere comprar petróleo a Arabia Saudí, necesita dólares estadounidenses para pagarlo, aunque no produzca ni comercie con petróleo en Estados Unidos.

Esto crea una demanda de dólares estadounidenses, reforzando la posición del dólar como moneda internacional.

A medida que más y más países y empresas adoptaban el uso del dólar estadounidense para las transacciones internacionales, resultaba más atractivo para otros países y empresas hacer lo mismo, creando un ciclo que se reforzaba a sí mismo.

Estos efectos de red ayudaron a mantener el dominio del dólar estadounidense en la economía mundial y dieron a Estados Unidos un importante poder económico y político.

El ascenso del dólar estadounidense como moneda de reserva fue un proceso complejo y polifacético impulsado por factores económicos, políticos y militares, así como por marcos institucionales como el sistema de Bretton Woods.

Sin embargo, la posición del dólar como moneda de reserva no siempre ha sido segura. Tanto el yen como el euro han sido vistos como potenciales retadores de la posición del dólar estadounidense como moneda de reserva en la economía mundial.

La moneda china, el renminbi, también está ganando importancia como divisa internacional, pero aún no es libremente convertible y no se utiliza ampliamente en el comercio y las finanzas mundiales.

He aquí algunos ejemplos concretos de cómo estas divisas amenazan la posición de Estados Unidos como moneda de reserva.

El yen

Antes de la década de 1990, la economía japonesa estaba en auge y las exportaciones japonesas dominaban el mercado estadounidense. Algunos países incluso utilizaban el yen como moneda de reserva en lugar del dólar estadounidense para proteger sus industrias.

Por ejemplo, en 1989, Arabia Saudí anunció que pagaría el petróleo en yenes. Esto supuso una importante amenaza para el dominio del dólar estadounidense en la economía mundial. Sin embargo, el desarrollo del yen como moneda para el comercio de petróleo se vio limitado por las siguientes razones.

En primer lugar, el yen no era entonces una moneda de libre convertibilidad, por lo que no gozaba de gran aceptación en el comercio y las finanzas mundiales. Esto limitaba la capacidad de otros países para mantener el yen como moneda de reserva y utilizarlo para comerciar con otros países.

En segundo lugar, el banco central japonés, el Banco de Japón, estaba preocupado por el posible impacto de una apreciación del yen en la economía japonesa, orientada a la exportación.

En respuesta a la decisión saudí, el Banco de Japón intervino en el mercado de divisas para reforzar la competitividad de las exportaciones japonesas y mantener la debilidad del yen. Esto limitó el atractivo del yen como moneda de reserva y de intercambio.

En tercer lugar, Estados Unidos respondió a la decisión saudí aumentando su presencia militar en Oriente Medio y reforzando su relación con Arabia Saudí. Esto reforzó la importancia de Estados Unidos como socio estratégico de Arabia Saudí y limitó las posibilidades de que el yen sustituyera al dólar estadounidense en las transacciones petroleras.

Tras anunciar por primera vez en 1989 que aceptaría pagos en yenes, Arabia Saudí decidió finalmente volver a utilizar el dólar estadounidense como moneda principal para los pagos petroleros.

Esto se debió al hecho de que el dólar estadounidense sigue siendo la moneda dominante en el comercio y las finanzas mundiales, y el yen no ha sido ampliamente aceptado como moneda internacional. Actualmente, el yen no se utiliza para los pagos petroleros.

El euro

Cuando se introdujo el euro en 1999, se consideró un competidor potencial del dólar estadounidense.

El euro se convirtió rápidamente en la segunda moneda más negociada del mundo, y su participación en las reservas mundiales de divisas no ha dejado de aumentar.

En 2000, la cuota del euro en las reservas mundiales de divisas era de aproximadamente el 18%, mientras que la del dólar estadounidense era del 71%.

En 2020, la proporción del euro había aumentado hasta aproximadamente el 20%, mientras que la del dólar estadounidense había caído hasta aproximadamente el 60%.

El ascenso del euro como moneda mundial se ha visto impulsado por la creciente importancia de la Unión Europea como bloque comercial y fuerza política, así como por la condición del euro como moneda estable.

Sin embargo, hay varias razones por las que todavía no ha sustituido al dólar estadounidense como moneda de reserva en el sistema financiero mundial.

Una de las principales razones es la inferioridad comparativa del sistema y la liquidez de los mercados financieros estadounidenses.

Estados Unidos tiene la mayor economía del mundo y el sistema financiero más desarrollado, con mercados amplios y líquidos de acciones, bonos y otros instrumentos financieros.

La estabilidad y credibilidad del sistema financiero estadounidense hacen atractivo el dólar.

La zona euro, en cambio, tiene una economía relativamente pequeña y unos mercados financieros menos desarrollados.

El Banco Central Europeo (BCE) es un banco central relativamente nuevo, fundado en 1998, y el euro aún no ha alcanzado el mismo nivel de confianza que el dólar estadounidense.

Otro factor es la influencia geopolítica y económica de Estados Unidos. Estados Unidos es una superpotencia mundial con gran influencia militar y económica en todo el mundo, lo que confiere al dólar una posición única en el comercio internacional.

La eurozona, por su parte, está formada por varios países con intereses económicos y políticos diferentes, lo que dificulta el establecimiento de un enfoque coherente y unificado de la política financiera.

Por último, está la cuestión de la crisis de la deuda soberana de la eurozona, que comenzó en 2009 y puso de manifiesto las debilidades y vulnerabilidades del sistema financiero de la eurozona.

Esto ha socavado la confianza en el euro y ha hecho que los inversores se muestren más cautelosos a la hora de mantener grandes cantidades de euros.

Aunque el euro es una moneda importante en el sistema financiero mundial, todavía no ha alcanzado el dominio del dólar estadounidense como moneda de reserva.

El yuan

China ha estado trabajando para aumentar el uso global del yuan en los últimos años.

En 2016, el yuan fue incluido en la cesta de divisas de reserva del Fondo Monetario Internacional (FMI), lo que le dio legitimidad como moneda internacional.

China también ha trabajado para promover el uso del yuan como moneda de pago para el petróleo. China es el mayor importador mundial de crudo y ha ido aumentando el uso del yuan en el comercio internacional para reducir su dependencia del dólar estadounidense.

En 2018, China lanzó un contrato de futuros de petróleo crudo denominado en yuanes, el primer contrato de futuros con precio en yuanes y negociado en una gran bolsa internacional.

Y está ampliando gradualmente su alcance al permitir que Rusia utilice el yuan como moneda de liquidación para su crudo.

China también ha firmado acuerdos de intercambio de divisas con otros países, como Rusia, Malasia y Corea del Sur, que les permiten comerciar directamente con China utilizando el yuan en lugar del dólar.

En 2021, se calcula que el 60% de las reservas mundiales de divisas están en dólares, frente al 2% en yuanes.

Para promover el uso de su moneda en el comercio internacional, China ha concedido numerosos préstamos a países de renta media y subdesarrollados, incluidos países africanos.

Esta estrategia forma parte de la política china de promover el yuan como moneda de reserva mundial y reducir su dependencia del dólar estadounidense en el comercio internacional.

Para tomar la iniciativa en proyectos de infraestructuras y otros tipos de desarrollo, China presta a otros países a través de varias instituciones financieras, como el Banco de Desarrollo de China y el Banco de Exportación e Importación de China.

Estos préstamos suelen denominarse en yuanes, y con ello pretende ampliar el uso internacional de la moneda.

Aunque el euro, el yen y el yuan se han esforzado por formar parte de las monedas de liquidación del petróleo que fueron decisivas para que Estados Unidos obtuviera el estatus de moneda de reserva, el dólar estadounidense sigue representando alrededor del 90% de las transacciones mundiales de petróleo.

Sin embargo, además del dólar estadounidense, Rusia utiliza el euro y el yuan chino para pagar sus exportaciones de petróleo, e Irán también utiliza monedas distintas del dólar, como el euro y la rupia india, para pagar sus exportaciones de petróleo debido a las sanciones de Estados Unidos que limitan su acceso al sistema financiero estadounidense.

Aunque estas divisas amenazan la posición de Estados Unidos como moneda de reserva, el dólar sigue siendo la moneda dominante en la economía mundial.

En 2021, alrededor del 60% de las reservas mundiales de divisas se mantenían en dólares estadounidenses, y cerca del 40% del comercio mundial se realizaba en dólares estadounidenses.

## La diferencia entre especulación e inversión

La especulación es el acto de participar en transacciones financieras arriesgadas con ánimo de lucro, e implica asumir riesgos comprando o vendiendo activos como acciones, materias primas y bienes inmuebles basándose en la creencia de que su valor aumentará o disminuirá en el futuro.

La especulación difiere de la inversión en que la especulación se basa más en factores emocionales, como las condiciones del mercado en ese momento, que en un juicio racional del valor, y la especulación es una forma extrema de asumir riesgos que busca capitalizar oportunidades y obtener grandes beneficios sin la certeza de ganar.

Aunque tanto la inversión como la especulación están relacionadas con los mercados financieros, tienen objetivos, estrategias y apetitos de riesgo diferentes.

Estas son las principales diferencias entre ambos conceptos

1. Objetivo

En términos de objetivo, invertir consiste en generar beneficios durante un largo periodo de tiempo, mientras que especular pretende generar beneficios rápidos en un periodo de tiempo relativamente corto.

Por ejemplo, una persona que participa en una cartera diversificada de acciones y bonos con el objetivo de generar rendimientos estables a largo plazo puede decirse que está invirtiendo, mientras que una persona que compra acciones especulativas con la esperanza de obtener un beneficio rápido en unos pocos días o semanas puede decirse que está especulando.

## 2. Riesgo

La inversión tiende a implicar un menor nivel de riesgo que la especulación porque normalmente implica una cartera de activos más diversificada.

Según la teoría de la diversificación de carteras, los inversores intentan reducir su riesgo poniendo todos los huevos en una cesta de inversiones de baja correlación, mientras que los que tienen objetivos especulativos buscan obtener altos rendimientos en un corto periodo de tiempo, por lo que intentan ceñirse a una inversión concreta.

Por ejemplo, alguien que invierte en un fondo indexado, que se basa en un índice de todo el mercado de valores, puede experimentar una menor volatilidad y riesgo que alguien que invierte en una sola acción de alto riesgo, pero la especulación es probable que implique un mayor nivel de riesgo porque alguien con una disposición especulativa está apostando por una sola acción o activo para obtener un beneficio rápido.

## 3. Periodo de tenencia frente a periodo de inversión

Por lo general, es más probable que la inversión implique la tenencia de activos durante un periodo de tiempo más largo que la especulación, por lo que es más probable que la inversión implique la tenencia de activos durante un periodo de tiempo más largo y la especulación implique la tenencia de activos durante un periodo de tiempo más corto.

Por ejemplo, se puede considerar que una persona que aporta cierta cantidad de dinero a una cuenta de ahorro para la pensión desde una edad temprana con el fin de ahorrar para la jubilación está invirtiendo, mientras que se puede considerar que una persona que compra acciones con la intención de obtener beneficios en unas semanas o meses está realizando actividades especulativas.

4. Información y análisis

La inversión suele implicar un análisis más exhaustivo de los activos y los mercados, mientras que la especulación tiende a basarse más en rumores e intuiciones.

Las personas que invierten en fondos de inversión o en fondos indexados cotizados suelen investigar las participaciones, la rentabilidad y las comisiones del fondo, y tienen en cuenta los cambios futuros en el entorno económico antes de invertir. Sin embargo, alguien que especula con una sola acción puede no hacer un análisis exhaustivo de los fundamentos de la acción y puede comprar una acción basándose en rumores de amigos o en la intuición.

En conclusión, tanto la inversión como la especulación consisten en invertir dinero en activos financieros con el objetivo de obtener beneficios, pero difieren en su finalidad, nivel de riesgo, periodos de tenencia y de inversión, y cantidad de análisis y revisión que implican.

# Historia de la especulación antes del siglo XVII

Aunque el fenómeno de la especulación financiera tal y como lo entendemos hoy en día no se desarrolló plenamente hasta la llegada de los mercados de capitales modernos, existen ejemplos de especulación en la historia de la humanidad anteriores al siglo XVII.

El primer registro histórico de especulación financiera se remonta al siglo II a.C., cuando los romanos especulaban con los publicani, los organismos gubernamentales encargados de recaudar impuestos y construir templos.

En aquella época, los romanos estaban obsesionados con el beneficio, y los efectos secundarios de la especulación dejaron a muchos plebeyos empobrecidos y mentalmente angustiados.

En el siglo III a.C. se produjo en Tracia la primera crisis monetaria de la historia.

Tras la introducción del sistema crediticio, aumentó la demanda especulativa de moneda de buena calidad, lo que hizo que los precios se dispararan, dejando a toda la ciudad sin acceso a artículos de primera necesidad y suministros.

También se dieron ejemplos de especulación durante la dinastía Tang (618-907) en China, cuando el gobierno emitió papel moneda respaldado por monedas de plata.

Al generalizarse la aceptación de los billetes, su valor empezó a fluctuar con el precio de la plata, lo que dio lugar a especulaciones y oscilaciones de precios. En un momento dado, el valor del papel moneda cayó en picado, provocando el pánico y el caos económico.

En la Europa medieval, los mercaderes obtenían beneficios comprando mercancías en su lugar de origen y vendiéndolas después en lugares donde esperaban que los precios fueran más altos. Este tipo de comercio se conocía como "arbitraje" y se observaba en productos básicos como cereales, especias y textiles.

La especulación financiera tal y como la entendemos hoy en día no surgió plenamente hasta el desarrollo de los mercados de capitales modernos en el siglo XVII, pero hay muchos ejemplos de este tipo de especulación a lo largo de la historia de la humanidad.